Michael Laitman

Como un manojo de cañas

Por qué la unidad y la responsabilidad mutua
están hoy en la agenda del día

LAITMAN
KABBALAH PUBLISHERS

Como un manojo de cañas
Por qué la unidad y la responsabilidad mutua están hoy en la agenda del día

www.bundleofreeds.com   contact@bundleofreeds.com

Laitman Kabbalah Publishers
1057 Steeles Avenue West, PO BOX 532
Toronto, ON – M2R3X1
Canada

Primera Edición Julio 2014
Impreso en Chile

Investigadores: Norma Livne, Masha Shayovich, Sarin David, David Melnitchuk, Christiane Reinstrom, Kristian Dawson, Dr. David Martino, Ciro Grossi

Traducción: Gloria Cantú

Revisión: Silvana Pisari

Fotografía de tapa: Araceli León

Diseño gráfico: Henry Aponte

Coordinador del proyecto: Tal Tzitayat

Índice

Prólogo: El Espectro y el Espíritu

Nací en agosto de 1946 en la ciudad de Vitebsk, Bielorrusia. Fue el segundo verano después del final de la Segunda Guerra Mundial, y la vida era parsimoniosa, cojeando lentamente hacia la acogedora monotonía de la normalidad. Siendo el primogénito de un padre dentista y una madre ginecóloga, tuve una infancia más bien despreocupada, creciendo cómodamente en un barrio suburbano, despreocupado de los problemas materiales que inquietaban a la mayoría de mis amigos de la infancia.

Y sin embargo, una sombra me acosó durante toda mi infancia e incluso durante la adolescencia. Fue el espectro del Holocausto, un fantasma que muchos optaron por no volver a mencionar, aunque siempre estuvo ahí. Los nombres de los miembros de la familia o de los amigos que murieron, eran mencionados con un tono sombrío, dándoles una presencia extraña, como si estuvieran todavía con nosotros, aunque yo sabía que no era así.

Y más extraña aún fue la reacción de mis compañeros rusos hacia los judíos. Los niños con los que crecí odiaban a los judíos, simplemente porque eran judíos. Ellos sabían lo que les había ocurrido a sus vecinos judíos apenas un año atrás, pero eran tan sarcásticos y hostiles como antes de la guerra, según lo que escuché de los mayores. Yo no podía entender esto. ¿Por qué eran tan odiosos? ¿Qué daño imperdonable les habían causado los judíos? ¿Y en dónde habían escuchado esas horripilantes historias acerca de lo que los judíos podrían hacerles?

Como era de esperarse de un hijo de padres con profesiones médicas, yo también tomé una profesión médica como mi carrera "de elección". Estudié medicina bio-cibernética, una ciencia que estudia los sistemas del cuerpo humano, y me convertí en un científico, un investigador en el Instituto de Investigación de la Sangre, en San Petersburgo. Y mientras fantaseaba sonriendo con orgullo en el púlpito, en Estocolmo, Suecia, como ganador del Premio Nobel, una pasión más profunda que albergaba emergía hacia la superficie de mi conciencia.

"Quiero entender el sistema" -comencé a pensar- "para saber cómo funciona todo". Pero más que nada, me puse a meditar sobre por qué todo era como era.

Como un científico de corazón, empecé a buscar respuestas científicas que pudieran explicar todo, no solo la forma de calcular la masa de un objeto o la aceleración de su caída, sino lo que causaba la existencia de ese objeto en primer lugar.

Y ya que no podía encontrar una respuesta en la ciencia, decidí seguir adelante. Después de ser un *refusenik* durante dos años (judíos soviéticos con permisos denegados para emigrar al extranjero), finalmente obtuve mi permiso para ir a Israel en 1974.

En Israel, no dejaba de buscar el sentido y la razón detrás de todo. Dos años después de llegar a Israel, comencé a estudiar Cabalá. Pero no fue hasta febrero de 1979, que me encontré con mi maestro, el Rabash, hijo primogénito y sucesor de Rabí Yehuda Leib Halevi Ashlag, conocido como Baal HaSulam (Dueño de la Escalera) por su *Sulam (Escalera) comentario sobre El Libro del Zóhar.*

¡Por fin mis plegarias habían sido escuchadas! Cada día, cada hora, despuntaban nuevas revelaciones. Las piezas del rompecabezas de la realidad tomaban su lugar, una por una, y comenzó a formarse dentro de mí una imagen coherente del mundo, como si la niebla misma empezara a cobrar forma ante mis asombrados ojos.

Mi vida se había transformado, y me sumergí en los estudios y en asistir a Rabash en todo lo que podía. Tuve la suerte de poder mantener a mi familia con tan solo unas pocas horas de trabajo al día, y dedicar el resto de mi tiempo a absorber la sabiduría tanto y tan profundamente como me era posible.

Para mí, era como estar viviendo un sueño hecho realidad. Tenía una familia maravillosa, vivía en un país en el que me sentía libre, podía ganarme una buena vida con facilidad, y había encontrado las respuestas a mis permanentes preguntas.

Una de esas preguntas persistentes fue sobre el odio a los judíos. En Cabalá descubrí por qué ocurre, por qué persiste, y lo más importante, qué hay que hacer para sanarlo. En efecto, el antisemitismo es una llaga en el corazón de la humanidad, un eco de dolor sin cicatrizar que el mundo ha estado padeciendo desde hace casi 4.000 años, desde que Abraham -nuestro patriarca- salió de Babilonia.

La Cabalá me enseñó que Abraham le propuso a su gente unirse y ser una vez más "un mismo lenguaje e idénticas palabras" (Génesis 11:1), y que el rey Nimrod -el gobernante de Babilonia en aquel tiempo- le impidió a Abraham difundir su idea. Poco a poco, me di cuenta de que lo que el mundo necesita ahora es la misma unidad, fraternidad y garantía mutua que Abraham había desarrollado con su grupo y el de su descendencia y que el rey Nimrod le había impedido dotar a sus hermanos y hermanas de Babilonia.

En una lección matinal, mi maestro, el Rabash, me enseñó la *Introducción al Libro del Zóhar de Baal HaSulam*. Al final de la misma, Baal HaSulam escribió que a menos que los judíos doten al mundo con el conocimiento y la orientación hacia la unidad, las naciones del mundo los detestarán, humillarán, expulsarán de la tierra de Israel y los atormentarán donde quiera que se encuentren. Yo había leído ese ensayo incomprensible antes, pero aquella mañana tuvo un impacto más profundo en mí. Sentí que otra etapa de mi desarrollo emergía desde el interior.

Más tarde, ese mismo día, nos fuimos a Kfar Saba, una pequeña ciudad cerca de Tel Aviv, a un Kolel (seminario judío) que llevaba el nombre de mi estimado mentor. En el sótano, el Rabash me mostró una caja de cartón mediana, llena hasta el borde con trozos de papel escritos a mano. Me preguntó si podía cargarla hasta el coche para llevarla luego a su casa.

Puse la caja en el maletero, y en el camino de regreso le pregunté qué eran esos papeles. Sin contemplaciones, murmuró: "Algunos manuscritos antiguos de Baal HaSulam". Lo miré, pero él desvió su mirada hacia la carretera y se mantuvo en silencio todo el camino.

Esa noche, las luces de la cocina de Baruj Ashlag estuvieron encendidas toda la noche. Me alojé allí y meticulosamente leí cada trozo de papel hasta que encontré uno que me permitió finalizar mi búsqueda. Era la pieza del rompecabezas que estaba buscando sin siquiera saberlo. Fue el momento crucial, el primer paso en el camino que iba a tomar a partir de entonces.

El documento que descubrí -que ahora es parte de *Los escritos de la última generación* de Baal HaSulam- relata una historia de agonía y sed, amor y amistad, liberación y compromiso. Estas son las palabras que encontré: "Hay una alegoría acerca de amigos que estaban perdidos en el desierto, con hambre y sed. Uno de ellos había encontrado una colonización repleta de abundantes delicias. Se acordó de sus pobres hermanos, pero él se había apartado mucho de ellos y no sabía en dónde se encontraban... Empezó a dar voces y a hacer resonar su cuerno; era posible que si sus pobres y hambrientos amigos oyeran su voz, se acercaran a este asentamiento colmado de delicias".

"Así es el asunto que nos ocupa: nos hemos perdido en el terrorífico desierto junto con toda la humanidad y ahora hemos encontrado un gran y abundante tesoro, es decir, los libros de Cabalá. Ellos satisfacen el anhelo de nuestras almas y nos llenan abundantemente con exuberancia y concordancia".

"Estamos saciados y hay más, pero el recuerdo de nuestros amigos que se quedaron sin esperanza en el terrible desierto persiste profundamente en nuestros corazones. La distancia es grande, y las palabras no pueden tender un puente entre nosotros. Por esta razón, hemos habilitado este cuerno para que resuene con fuerza y nuestros hermanos lo oigan, se acerquen y sean tan felices como nosotros".

"Han de saber, hermanos nuestros, carne nuestra, que la esencia de la sabiduría de la Cabalá consiste del conocimiento de cómo el mundo descendió desde su elevado y celestial lugar, hasta nuestro innoble estado. ...Por eso es muy fácil encontrar en la sabiduría de la Cabalá todas las correcciones futuras destinadas a venir de los mundos perfectos que nos precedieron. A través de ella sabremos cómo corregir nuestros caminos a partir de ahora".

"...Imaginemos, por ejemplo, que se encontrara hoy en día un libro histórico, representando a las generaciones de los últimos diez mil años, describiendo el comportamiento de los individuos y la sociedad. Nuestros líderes buscarían todo consejo para organizar aquí la vida en consecuencia, y no llegaríamos a "protestas masivas". La corrupción y el terrible sufrimiento cesarían y todo caería pacíficamente en su lugar".

"Ahora, distinguidos lectores, este libro está aquí delante de ustedes en un armario. Ahí se explica explícitamente toda la sabiduría del arte de gobernar y las conductas de la vida privada y pública que existirán al fin de los tiempos. Se trata de los libros de Cabalá, donde se establecen los mundos corregidos. ...Al abrir estos libros encontrarán todos los buenos comportamientos que aparecerán al final de los días y dentro de ellos encontrarán también buenas lecciones para resolver los asuntos mundanos de hoy en día".

"...Ya no puedo contenerme. He resuelto revelar las conductas de corrección de nuestro definido futuro que he descubierto a través de la observación y la lectura de estos libros. Decidí manifestarme a la gente del mundo con este cuerno, y creo y estimo que será suficiente para reunir a todos aquellos merecedores de empezar a estudiar y profundizar en los libros. Así que podrán pronunciar sentencia de sí mismos y del mundo entero bajo una escala de mérito". [1]

Alrededor de un año después de encontrar estos documentos, publiqué mis primeros tres libros con la guía y apoyo de mi maestro. He estado publicando libros desde entonces, y he diseminado la Cabalá a través de otros numerosos medios.

La realidad existente es muy dura y la gente a menudo no tiene la paciencia o el deseo de profundizar en los libros, como lo imaginó Baal HaSulam. Pero la esencia de la sabiduría, el amor, y la unidad que constituyen los fundamentos de la realidad, y que inculca la Cabalá a sus practicantes, siguen siendo tan verdaderos como siempre lo han sido.

Además, dado que desde principios del siglo, el antisemitismo ha ido en aumento una vez más, esta vez en todo el mundo, el fantasma del odio a los judíos ha echado sus raíces en todos lados. Extendiéndose sigilosa y venenosamente, amenaza con infestar a naciones enteras con la *judeofobia*, y repetir los horrores del pasado.

Pero ahora conocemos la cura. Siempre que los judíos se unen, la serpiente oculta su cabeza. El espíritu de camaradería y de responsabilidad mutua ha sido siempre nuestra "arma", nuestro escudo contra la adversidad. Ahora debemos reunir ese espíritu, cubrirnos con él y permitir que su calor sanador nos envuelva. Y una vez que lo logremos, debemos compartir ese espíritu con el resto del mundo, ya que ésta es nuestra vocación -la esencia de nuestro ser- "una luz para las naciones".

Y por eso, porque todos necesitamos respuestas a nuestras preguntas más profundas, porque en el fondo todos los judíos quieren encontrar la cura para el antisemitismo, y porque es el legado de mi maestro y el gran maestro y padre de mi maestro, me he decidido a detallar lo que he aprendido de ellos. Ellos me enseñaron lo que significa ser un judío, lo que significa el compromiso, y lo que significa compartir. Pero sobre todo, me enseñaron lo que significa amar como el Creador.

"Si una persona toma un manojo de cañas, no puede romperlas todas a la vez. Pero si se toma una a la vez, incluso un niño la rompería. De igual manera, Israel no será redimido, hasta que estén todos en un único manojo."

(*Midrash Tanhuma*, Nitzavim, Capítulo 1)

Introducción

A lo largo de la historia del pueblo judío, la unidad y la garantía mutua (también conocida como responsabilidad mutua) han sido los emblemas de nuestra nación. Innumerables sabios y líderes espirituales han escrito acerca de la importancia de estas dos marcas registradas, proclamándolas como el corazón y el alma de nuestra nación, y declarando que la salvación y la redención pueden llegar solo cuando haya unidad en Israel.

En efecto, el concepto de unidad ha sido tan preeminente, que ha superado la devoción al Creador y la observancia de los mandamientos. Un número considerable de líderes espirituales judíos y de textos sagrados a través de las generaciones, resaltan la importancia de la unidad por encima de todo. *Masejet Derej Eretz Zuta*, escrito aproximadamente en el mismo tiempo que el Talmud, es una de las numerosas declaraciones bajo ese espíritu: "Aún cuando en Israel adoran ídolos y no hay paz entre ellos, el Señor dice: 'No tengo ningún deseo de hacerles daño'. ...Pero si están en disputa, ¿qué es lo que se dice acerca de ellos? 'Su corazón está dividido, ahora soportarán la culpa'".[2]

Después de la destrucción del Segundo Templo, la preeminencia de la unidad y el amor fraternal, alcanzó su punto máximo. El Talmud Babilónico, entre muchas otras fuentes, nos enseña que la razón de la destrucción del Segundo Templo fue el odio infundado y la división dentro de Israel. Las fuentes incluso afirman que el odio infundado es tan perjudicial como la repercusión de los tres grandes males que causaron la ruina del Primer Templo: la idolatría, el incesto y el derramamiento de sangre. *Masejet Yoma* nos enseña esa lección claramente: "El Segundo Templo... ¿por qué fue destruido? Porque allí había odio infundado, enseñándote que el odio infundado es igual a las tres transgresiones -idolatría, incesto y derramamiento de sangre- combinadas".[3]

Evidentemente, la unidad, la hermandad y la garantía mutua no solo están en el ADN de nuestra nación, son la esencia de la cuerda salvavidas que nos ha librado de las aflicciones cada vez que las tuvimos y permitió que tales aflicciones se materializaran cuando no las teníamos. En estos tiempos difíciles de derecho propio y narcisismo creciente, necesitamos la unidad más que nunca; sin embargo, parece más inaccesible que en cualquier otro momento de la historia.

Hace unos treinta y cuatro siglos, al pie del monte Sinaí, estuvimos como un solo hombre con un solo corazón, y al hacerlo nos convertimos en una nación. Desde entonces, llueve o truene, la unidad nos ha sostenido, como lo describe el renombrado escritor y rabino Kalonymus Kalman Halevi Epstein en su aclamada composición *Maor va Shemesh* (Luz y Sol): "A pesar de que en la generación de Ahab eran idólatras, hacían la guerra y ganaban porque había unidad entre ellos. Es todavía más cuando hay unidad en Israel y se ocupan de la Torá por su causa... Debido a eso se someten todos los que están en contra de ellos, y todo lo que pronuncian con su boca, el Señor les concede sus deseos".[4]

Siguiendo a Moisés, llegamos a Canaán, la conquistamos, la convertimos en la Tierra de Israel, y luego fuimos exiliados de nuevo, esta vez a Babel. Y cuando Mordejai nos unió en Babel, volvimos -aunque apenas solo dos de las doce tribus originales- y establecimos el Segundo Templo. Todo el tiempo que conservamos nuestra unidad, también mantuvimos nuestra soberanía y el Templo. Pero cuando renunciamos al amor fraternal, fuimos vencidos por el enemigo y exiliados en los siglos posteriores.

Sin embargo, la división y el odio infundado, que causaron la ruina del Segundo Templo y el exilio de la nación, no detuvo nuestro desarrollo. Durante gran parte de los dos últimos milenios aproximadamente, nos sostuvimos entre nosotros, manteniendo una relativa separación con respecto a la vida cultural de los países en los que residíamos.

Pero más o menos desde la época de la Ilustración, hemos adoptado gradualmente una cultura alabada por ser sobresaliente, y de hazañas individuales, condonando la explotación de los más débiles y necesitados. Es por esto que en las últimas décadas, nos hemos destacado en la cultura.

En el mundo actual, el estilo y la atmósfera imperantes son el derecho propio y la egolatría hasta el punto del narcisismo. En su penetrante libro, *The Narcissism Epidemic: Living in the Age of Entitlement,* (*La Epidemia de Narcisismo: viviendo en la era del derecho propio*), los psicólogos Jean M. Twenge y Keith Campbell describen: "El incesante aumento del narcisismo en nuestra cultura"[5], y los problemas que causa. Explican que "Estados Unidos está sufriendo en estos tiempos una epidemia de narcisismo... los rasgos de personalidad narcisista subieron tan rápido como la obesidad".

Peor aún, dicen que, "El aumento en el narcisismo se está acelerando a un ritmo mayor en la década del 2000 que en décadas anteriores. Para el año 2006, uno de cada cuatro estudiantes universitarios daban positivo en la mayoría de los puntos estándar de medición de rasgos narcisistas".[6]

Y la mayoría de nosotros como judíos, progenitores del precepto: "Ama a tu prójimo como a ti mismo", no solo nos sentamos y vemos como se celebra la egolatría, sino que también nos unimos a la fiesta, muchos de nosotros a la cabeza de la manada, tomando despojos siempre que podemos. Hemos adoptado la máxima: "Cuando estés en Roma, haz como los romanos", con un entusiasmo espectacular, y al hacerlo, muchos nombres judíos se han convertido en sinónimo de riqueza y poder. No hay duda de que no perseguimos la riqueza y el poder para ostentar nuestra herencia como superior a la de los demás. Sin embargo, cuando los judíos adquieren notoriedad por alguna de las distinciones anteriores, se les reconoce no solo por sus ganancias, sino también por su linaje.

Aunque pueda parecer injusto, los judíos y el Estado judío no son vistos de la misma manera que otros países y naciones. Reciben un trato especial, tanto positiva como negativamente.

Pero existe una buena razón. Cuando Abraham descubrió la fuerza singular que conduce al mundo, la que llamamos "el Creador", "Dios", *HaShem, HaVaYaH (Yod-Hey-Vav-Hey*, el "Señor"), quiso proclamarlo a todo el mundo. Como babilónico de alto estatus social y espiritual, el hijo de un fabricante de ídolos y estatuas, estaba en una posición de ser escuchado. Fue solo cuando el rey Nimrod trató de matarlo y luego lo expulsó de Babilonia, que él se dirigió a otra parte y con el tiempo llegó a Canaán.

Sin embargo, Rabí Moshé Ben Maimón (Maimónides) explica cómo por el camino buscaba almas gemelas para compartir su descubrimiento: "Empezó a convocar a todo el mundo para anunciarles que existía un Dios para todo el mundo... Daba voces recorriendo poblado tras poblado y reino tras reino, hasta que llegó a la tierra de Canaán... Y puesto que ellos (la gente en los lugares que recorría) se reunían en torno a él y le hacían preguntas sobre sus palabras, él les enseñó a todos... hasta que los hizo retornar al camino de la verdad. Finalmente, miles y decenas de miles se reunieron en torno a él, y ellos formaron el pueblo de la casa de Abraham. Él plantó este precepto en sus corazones, escribió libros al respecto y le enseñó a su hijo, Isaac. E Isaac se sentó y enseñaba; advirtió e informó a Jacob y lo nombró maestro, para que se sentara y enseñara... Y Jacob, el Patriarca, enseñó a todos sus hijos, y apartó a Leví y lo designó como la cabeza, lo hizo sentar y aprender el camino de Dios...".[7]

De Jacob en adelante, narra la renombrada composición, *El Kozari*, "La piedad se revela en una asamblea, y desde entonces es el recuento por el cual contamos los años de los antepasados, de acuerdo con lo que se nos entregó con la ley de Moisés [Torá], y sabemos lo que se desarrolló desde Moisés hasta estos días".[8]

Por lo tanto, la unidad se convirtió en una condición para alcanzar la percepción de Dios, o el Creador, como los cabalistas a menudo se refieren a Él (por razones que no voy a detallar aquí, pues están más allá del ámbito de este libro). Sin unidad, el alcance (espiritual) era simplemente imposible. Aquellos que fueron capaces de unirse se convirtieron en el pueblo de Israel y alcanzaron al Creador, la fuerza singular que crea, gobierna y dirige toda la realidad. Los que no estaban en condiciones de esto, quedaron sin esa percepción, pero con la sensación de que los israelitas sabían algo que ellos ignoraban, y tenían algo que les pertenecía también, pero que no podían tener.

Esta es la raíz del odio hacia Israel, que más tarde se convirtió en antisemitismo. Es la sensación de que los judíos tienen algo que no comparten con el mundo, pero que deberían hacerlo.

En efecto, los judíos deben compartirlo con el mundo. Así como Abraham trató de compartir su descubrimiento con todos sus compañeros babilonios, los judíos -sus descendientes- deben hacer lo mismo. Este es el significado de ser "una luz para las naciones". Esta es la obligación a la que se refirió el primer Gran Rabino de Israel, Rabí Kuk, en su elocuente estilo poético cuando escribió: "El verdadero movimiento del alma israelí en su máxima expresión se manifiesta solo por su sagrada fuerza eterna que fluye dentro de su espíritu. Es lo que la ha hecho, la hace y la hará una nación que se erige como una luz para las naciones, como la redención y salvación para todo el mundo para su propósito específico, y para el propósito global, a sus propios fines, y para los efectos globales, que están interrelacionados".[9]

Este compromiso es también al que se refirió Rabí Yehuda Leib Aire Altar con sus palabras, "Los hijos de Israel son los garantes, ya que recibieron la Torá con el fin de corregir a todo el mundo, las naciones también".[10]

¿Y qué es exactamente lo que estamos obligados a transmitir a las naciones? Se trata de la unidad, a través de la cual se descubre la única y singular fuerza creadora de la vida, el Señor, o Dios. En las palabras de Rabí Shmuel Bornstein, autor de *Shem MiShmuel* [Un nombre de Samuel], "La meta de la creación fue que todos estuvieran en una sola asociación... Pero a causa del pecado, el asunto se estropeó tanto que incluso los mejores en esas generaciones fueron incapaces de unirse para servir al Señor, pero fueron unos cuantos solamente".[11]

Por esta razón -continúa Rabí Bornstein- solo los que pudieron unirse lo hicieron, mientras que el resto se apartó de ellos hasta que fueron capaces de integrarse a la unidad. En sus palabras: "La corrección comenzó al hacerse una confluencia y asociación de personas para servir al Creador, empezando con Abraham el Patriarca y sus descendientes, para que fueran una comunidad consolidada para el servicio de Dios. Su idea [la del Creador] al separar al pueblo fue que primero Él causó la separación en la raza humana, en la época de Babilonia y todos los dañadores fueron dispersados... Posteriormente comenzó la agrupación para servir al Creador; como Abraham el Patriarca fue y convocó en nombre del Señor hasta que una gran comunidad se reunió con él, los que fueron llamados 'el pueblo de la casa de Abraham". El asunto continuó creciendo hasta que se convirtió en la asamblea y la congregación de Israel... y el final de la corrección se realizará en el futuro, cuando todos se vuelvan una sola asociación con el propósito de hacer Su voluntad de todo corazón".[12]

Considerando las actuales circunstancias mundiales, parece urgente que todos sepan sobre el concepto de la unidad como un medio para alcanzar al Creador. Una vez que todos sepamos y aceptemos ese principio, la paz y la fraternidad prevalecerán naturalmente.

De hecho, según el reconocido cabalista, Rabí Yehuda Ashlag, conocido como Baal HaSulam [Dueño de la Escalera] por su *Sulam [Escalera] Comentario sobre El Libro del Zóhar*, la necesidad de conocer al Creador se ha tornado fundamental desde hace casi un siglo. En *Paz en el mundo*, un ensayo que data de la década de 1930, Baal HaSulam explica que debido a que todos somos interdependientes, debemos aplicar las leyes de garantía mutua en el mundo entero. Mientras que el término "globalización", no era tan generalizado en los tratados de su tiempo, sus palabras ilustran claramente su urgente necesidad de hacer del mundo una sola unidad solidificada.

He aquí la descripción de Baal HaSulam sobre la globalización y la interdependencia: "No se sorprenda si mezclo juntos el bienestar de un determinado colectivo con el bienestar de todo el mundo, porque de hecho, ya hemos llegado a tal grado que el mundo entero es considerado un colectivo y una sociedad. Es decir, debido a que cada persona en el mundo extrae la médula de su existencia y su subsistencia de las demás personas en el mundo, uno tiene la obligación de servir y vigilar el bienestar del mundo entero.

"...Por lo tanto, la posibilidad de crear conductas felices y pacíficas en un país no es concebible cuando esto no sucede en todos los países del mundo y viceversa. En nuestro tiempo, los países están entrelazados para satisfacer todas las necesidades de la vida, como antaño estaban los individuos en sus familias. Por lo tanto, ya no podemos hablar o tratar solamente con conductas que garanticen el bienestar de un país o una nación, sino solo con el bienestar de todo el mundo, porque el beneficio o el daño de cada persona en el mundo depende y se mide por el beneficio de todas las personas en el mundo".[13]

Sin embargo, para que el mundo pueda lograr esa unidad, esa garantía mutua, se necesita un modelo a seguir, un grupo o colectivo que pueda poner en práctica la unidad, alcanzar al Creador, y con el ejemplo personal, preparar el camino para el resto de la humanidad. Debido a que nosotros los judíos ya hemos estado en ese punto, y el mundo subconscientemente lo percibe, es nuestro deber reavivar el amor fraternal entre nosotros, alcanzar esa fuerza singular y transmitir el método de la unidad y la aprehensión del Creador al resto del mundo. Este es el papel de los judíos: llevar la luz del Creador al mundo, para ser una luz para las naciones.

En *El amor de Dios y el amor del hombre*, Baal HaSulam describe claramente el modus operandi: "La nación de Israel ha sido establecida como una transición. En la misma medida que Israel mismo es purificado por guardar la Torá [la ley (de la unidad), que hemos señalado en la Introducción es una condición previa para la aprehensión del Creador], ellos transmiten su poder al resto de las naciones. Y cuando el resto de las naciones también se juzguen con una escala de mérito [unirse y alcanzar al Creador], el Mesías [la fuerza que nos saca del egoísmo] será revelado".[14]

Rabí Yehuda Altar describe igualmente el papel de los judíos en lo que se refiere al resto de las naciones: "Parece que los hijos de Israel, los destinatarios de la Torá, son los prestatarios y no los garantes, salvo que los hijos de Israel se hicieran responsables de la corrección de todo el mundo por el poder de la Torá. Es por esto que se les dijo: 'Y seréis para Mí un reino de sacerdotes y una nación santa'. ...Y es a eso que ellos respondieron: 'Lo que el Señor ha dicho, haremos' -corregir toda la Creación-. ...En realidad, todo depende de los hijos de Israel. Tanto como ellos se corrigen a sí mismos, todas las creaciones les siguen. A medida que los estudiantes siguen al *Rav* [maestro] que se corrige... del mismo modo, la totalidad de la creación sigue a los hijos de Israel".[15]

1

Nace una nación

Antes de profundizar en el significado y la posición del pueblo de Israel en el mundo, tenemos que ver por qué se formó la nación israelí, y cómo se desenvolvió esta formación. Viajemos, por un momento, aproximadamente seis mil millas hacia el este, y cuatro mil años atrás en el tiempo, a la antigua Mesopotamia, el corazón de la Medialuna Fértil, la cuna de la civilización. Situada dentro de un vasto y exuberante paisaje, en una franja de tierra entre los ríos Tigris y Éufrates -en lo que hoy es Irak-, una ciudad-estado llamada Babilonia era la sede de una civilización floreciente. Llena de vida y de acción, era el centro comercial del mundo antiguo.

Babilonia, el corazón de la civilización dinámica, fue un crisol de culturas, un sustrato ideal en el que los sistemas de creencias y enseñanzas crecieron y prosperaron. Los babilonios practicaron muchos tipos de idolatría. *Sefer haYashar* [El libro del Recto] describe la vida de los babilonios en el momento y la manera en que adoraban: "Todo el pueblo de la tierra hizo cada uno su propio dios en aquellos días, dioses de madera y piedra. Se inclinaron ante ellos, y se convirtieron en dioses para ellos. En aquellos días, el rey y todos sus siervos, y Téraj [el padre de Abraham] junto con toda su familia, estuvieron entre los primeros adoradores de la madera y la piedra. ...[Téraj] los adoraría y se sometería a ellos, lo mismo que hizo toda esa generación. Sin embargo, habían abandonado al Señor, que los había creado, y no había un solo hombre en toda la tierra que conociera al Señor".[16]

Sin embargo, el hijo de Téraj, Abraham -que entonces todavía llevaba el nombre de Abram- tenía una cierta cualidad que lo hacía único: era excepcionalmente perspicaz y celoso de las verdades científicas. Abraham también era una persona bondadosa, que se dio cuenta de que la gente de su pueblo era cada vez más infeliz. Cuando pensó sobre eso, se encontró con que la causa de su infelicidad era la creciente egolatría y la alienación que se estaba consolidando entre ellos. En un período relativamente corto de tiempo, habían caído de la unidad y el cuidado recíproco, después de haber sido "De un mismo lenguaje e idénticas palabras" (Génesis 11:01), a la vanidad y la alienación, diciendo: "Vamos a edificarnos una ciudad y una torre con la cúspide en los cielos y hagámonos famosos" (Génesis 11:04).

De hecho, estaban tan preocupados por la construcción de su torre de orgullo que se olvidaron por completo de las personas que alguna vez habían sido sus familiares. La composición *Pirkey de Rabí Eliezer* (Capítulos de Rabí Eliezer), uno de los *Midrashim* (comentarios) en la Torá *(Pentateuco),* ofrece una vívida descripción no solo de la vanidad de los babilonios, sino también de la alienación con la que se consideraban unos a otros. El libro escribe, "Nimrod dijo a su pueblo: Vamos a construir una gran ciudad y morar en ella, no sea que seamos dispersados por toda la tierra como los primeros, y vamos a construir una gran torre en su interior, elevándose hasta el cielo... y hagámonos un nombre grande en la tierra...

"La construyeron alta... quienes traían los ladrillos se subían del lado oriental, y los que bajaban lo hacían por el lado occidental. Si una persona caía y moría, ellos no hacían caso. Pero si caía un ladrillo, se sentaban a llorar y decían, '¿Cuándo aparecerá otro en su lugar?'".[17]

A Abraham le preocupaba la actitud que tenían entre ellos e iba allí a observar la conducta de los constructores. *Pirkey de Rabí Eliezer* continúa describiendo las observaciones de la animosidad entre ellos: "Abram, hijo de Téraj, paseaba por allí y observaba la construcción de la ciudad y la torre". Trató de hablar con ellos sobre el Creador, la fuerza de unidad gobernante que él había descubierto, para asegurarles que las cosas serían inmejorables si tan solo se apegaban a la ley de unidad. "Pero ellos eran renuentes a sus palabras", como el libro describe. En cambio, "Ellos querían hablar el idioma del otro", como antes, cuando todavía eran de un mismo lenguaje, "Pero ellos no conocían el idioma del otro. ¿Qué hicieron? Cada uno tomó su espada y lucharon hasta la muerte. De hecho, la mitad del mundo murió allí por la espada".[18]

A la luz de la horrible situación de su pueblo, Abraham decidió difundir el principio que había descubierto, a pesar de los riesgos. En su composición, *HaYad HaChazakah (La Mano Poderosa)*, también conocida como *Mishné Torá (Repetición de la Torá)*, el renombrado erudito del siglo 12, Maimónides (el RaMBaM), describe la determinación de los esfuerzos de Abraham por descubrir las verdades: "Desde que este íntegro fue destetado, empezó a preguntarse. ...Comenzó a meditar día y noche y se preguntaba ¿cómo era posible que esta rueda girara siempre sin conductor? ¿Quién la hace rodar, si no puede rodar sola? Y no tenía ni un maestro, ni un tutor. Por el contrario, estaba metido en Ur de los caldeos, entre idólatras y analfabetos, con su madre y padre, y todas las personas que adoraban las estrellas, y él adorando con ellos".[19]

En su búsqueda, Abraham descubrió la unidad, la unicidad de la realidad, esa fuerza singular creativa que crea, sostiene y conduce a toda la realidad hacia su meta. En las palabras de Maimónides, "[Abraham] aprehendió el sendero de la verdad... con su propia y acertada sabiduría, y supo que existe un Dios que dirige... que Él ha creado todo, y que en todo lo que existe, no existe otro Dios sino Él".[20]

Para entender precisamente lo que Abraham aprehendió, recuerden que cuando los cabalistas hablan de Dios no se refieren a un ser todopoderoso o a una fuerza que se debe adorar, complacer o apaciguar, que a su vez recompensa a sus seguidores devotos dándoles salud, riqueza, una larga vida y otros beneficios mundanos. Los cabalistas identifican a Dios con la Naturaleza, la totalidad de la Naturaleza.

Rabí Yehuda Ashlag, conocido como Baal HaSulam (El dueño de la Escalera), hizo algunas afirmaciones inequívocas sobre el significado del término "Dios". Sucintamente explica que Dios es sinónimo de Naturaleza. En su ensayo, *La Paz*, Baal HaSulam escribe (fragmento ligeramente editado), "Para evitar tener que emplear ambos vocablos en adelante -Naturaleza y Supervisor, entre los que, como he demostrado, no existe diferencia alguna-... es mejor para nosotros... aceptar las palabras de los cabalistas que HaTeva (La Naturaleza) es lo mismo... que Elokim (Dios). Entonces, podré denominar las leyes de Dios 'Los preceptos de la Naturaleza', y viceversa, pues son uno y lo mismo y no necesitamos discutirlo más".[21]

"A los cuarenta años de edad", escribe Maimónides, "Abraham conoció a su Hacedor", la única ley de la Naturaleza, que crea todas las cosas. Pero Abraham no guardó su descubrimiento para sí mismo: "Empezó a dar respuestas al pueblo de Ur de los caldeos, a conversar con ellos y decirles que el camino por el que andaban no era el camino de la verdad".[22] Por desgracia, Abraham fue afrontado por el establecimiento, que en este caso era personificado por Nimrod, el rey de Babel.

El *Midrash Rabba*, escrito en el Siglo 5 e.c., presenta una descripción vívida del enfrentamiento entre Abraham y Nimrod, una ojeada a las dificultades que Abraham padeció por su descubrimiento y dedicación a la verdad. También nos deja asomarnos al fervor de Abraham. Téraj [el padre de Abraham) era un idólatra (que se ganaba la vida manufacturando y vendiendo estatuas en la tienda familiar]. En una ocasión tuvo que viajar a otro poblado y le pidió a Abraham que lo sustituyera. Un hombre entró y quería comprar una estatua. [Abraham] le preguntó: -¿Cuál es su edad? Y el hombre replicó, -Tengo sesenta años. Abraham le dijo, -Pobre de aquel que tiene sesenta años y debe adorar a una estatua que tiene apenas un día. El hombre se apenó y se salió de la tienda.

"En otra ocasión, una mujer entró con un tazón de sémola. Ella le dijo, -Toma, una ofrenda para las estatuas. Abraham se levantó, tomo un mazo y rompió todas las estatuas, luego colocó el mazo en las manos del más grande. Cuando su padre volvió, le preguntó, -¿Quién les hizo esto? [Abraham] replicó, -Una mujer entró trayendo un tazón de sémola y me pidió que se los ofrendara. Lo hice y uno dijo, -Yo comeré primero, -y el otro dijo, -Yo comeré primero. El más grande se levantó, tomó el mazo y las rompió. Su padre dijo, -¿Te burlas de mí? ¿Qué van a saber ellas? Y Abraham le dijo, -¿Tus oídos oyen lo que tu boca dice?"[23]

En este momento, Téraj supo que ya no podía disciplinar a su insolente hijo. "[Téraj] tomó [a Abraham] y se lo entregó a Nimrod [el rey y también la autoridad espiritual en Babilonia]. [Nimrod] le dijo, -Adora al fuego.

Abraham respondió, -¿No sería mejor adorar el agua, que apaga el fuego? Nimrod contestó, -¡Adora el agua! [Abraham] le dijo, -Entonces sería mejor que adorara a la nube que trae el agua. Nimrod le dijo, -¡Adora a la nube!

"[Abraham] le dijo, -En ese caso, debería adorar al viento que dispersa las nubes. Él le dijo, -¡Adora al viento! [Abraham] le dijo, -¿Y no deberíamos adorar al hombre que resiste el viento? [Nimrod] le dijo, -Hablas demasiado; yo solo adoro el fuego. ¡Te lanzaré al fuego y que el Dios que adoras venga y te salve de éste!

"Harán [el hermano de Abraham] se encontraba allí. Dijo, -Si Abraham gana, diré que estoy de acuerdo con Abraham y si Nimrod gana, diré que estoy de acuerdo con Nimrod. Cuando Abraham descendió al horno y fue salvado, le preguntaron [a Harán] -¿Del lado de quién estas? Él les dijo, -Estoy con Abraham. Ellos lo tomaron y lo lanzaron al fuego y murió en la presencia de su padre. Por eso se dijo, 'Y Harán murió en la presencia de su padre Téraj'".[24]

Abraham se resistió a Nimrod, pero fue expulsado de Babilonia y abandonó la tierra de Jaran [que se pronuncia Jaran para distinguirla de Harán, el hijo de Téraj). Pero Abraham no dejó de difundir su descubrimiento, porque lo habían exiliado de Babilonia. La minuciosa descripción de Maimónides nos dice, "Empezó a convocar a todo el mundo, para anunciarles que existe un Dios para todo el mundo... Daba voces, recorriendo poblado tras poblado y reino tras reino, hasta que llegó a la tierra de Canaán...

"Y puesto que ellos (la gente en los lugares que recorría) se reunían en torno a él y le hacían preguntas sobre sus palabras, él les enseñó a todos... hasta que los volvió de regreso al camino de la verdad. Finalmente, miles y decenas de miles se reunieron en torno a él, y ellos formaron el pueblo de la casa de Abraham. Él plantó este precepto en sus corazones, escribió libros al respecto y le enseñó a su hijo, Isaac. E Isaac se sentó y enseñaba; advirtió e informó a Jacob y lo nombró maestro, para que se sentara y enseñara... Y Jacob, el Patriarca, enseñó a todos sus hijos, y apartó a Leví y lo designó como la cabeza, lo hizo sentar y aprender el camino de Dios..."[25]

Para garantizar que la verdad se transmitiera a través de las generaciones, Jacob, "ordenó a sus hijos que no dejaran de designar encargado tras encargado, elegido entre los hijos de Leví, para que el conocimiento no se olvidara. Esto continuó y se expandió entre los hijos de Jacob y entre todos los que los acompañaban."[26]

Israel, el anhelo más profundo

El asombroso resultado de los esfuerzos de Abraham fue el nacimiento de una nación que conoció las leyes más profundas de la vida, la máxima Teoría del Todo, o en las palabras de Maimónides, "Una nación que conoce al Señor fue hecha en el mundo".[27]

Ciertamente, Israel no es simplemente el nombre de un pueblo. En hebreo, la palabra *Ysrael* (Israel), está compuesta por dos palabras: *Yashar* (directo), y *El* (Dios). Por consiguiente, Israel designa el pensamiento que quiere descubrir la ley de la vida, el deseo de alcanzar y percibir al Creador. En las palabras de Rabí Meir Ben Gabai, "En el significado del nombre de Israel, está también, *Yashar El* (directo a Dios)".[28] Asimismo, en su *Drush* [sermón escrito] referente a la Plegaria del Viajero, el gran Ramjal escribió simplemente, "Israel: *Yashar El*".

Dicho de otra forma, Israel no es una atribución o adscripción genética, sino más bien el nombre, o la dirección del deseo que llevó a Abraham a su descubrimiento. Genéticamente, los primeros israelitas eran babilonios o miembros de otras naciones que se unieron al grupo de Abraham. El significado de su nombre les quedaba claro a los antiguos israelitas. Como lo escribió Maimónides, ellos tenían sus maestros, los Levitas, y se les enseñaba a observar las leyes esenciales de vida.

Hoy día, sin embargo, no estamos conscientes del hecho de que "Israel" se refiere en realidad al deseo de conocer la ley esencial, el Creador y no se refiere a un linaje genético. Cerca de 2,000 años de ocultación de la verdad, desde la destrucción del Segundo Templo, prácticamente han borrado la verdad de que el descubrimiento de Abraham estaba destinado a todos los pueblos del mundo, tal como Abraham lo destinaba para todo el pueblo de Babilonia, y después, citando a Maimónides, "empezó a convocar a todo el mundo".

A través de los años, solo los cabalistas mantuvieron viva la verdad. Los cabalistas como Elimelej de Lizhensk,[29] Shlomo Efraim Luntsjitz,[30] Jaim Iben Attar,[31] Baruj Ashlag[32] y muchos otros que escribieron simplemente: *Ysrael* significa *Yashar El* (directo a Dios).

Lo que es más, la necesidad de descubrir esta fuerza es más oportuna que nunca. Nada ha cambiado en la Naturaleza desde la época de Abraham, y el Creador es aún la fuerza que crea, gobierna y sostiene la vida.

Lo que ha cambiado es que hoy necesitamos el verdadero conocimiento del Creador más que nunca. En los tiempos de Abraham, la humanidad tenía otros caminos que seguir además del camino de la verdad de Abraham. Los caminos sociales de hoy en día, sin embargo, gradualmente están probando su ineficacia para resolver nuestra decadente moral social y cohesión.

Ciertamente, con el tiempo, la cultura babilónica desapareció y las personas se dispersaron por todo el planeta. La alienación y discordia social, que provocaron su caída -representada por la caída de la torre- se volvieron veladas y apenas visibles. Las personas se asentaron en otros horizontes, llevando consigo la cultura y la actitud de Babilonia, inconscientes que eran portadores de sus costumbres y la discordancia que existía entre ellos, las semillas de futuras batallas.

Ahora que tenemos una comunidad global, cada crisis se manifiesta a escala global. El precio de los errores que cometemos lo paga todo el mundo, haciendo que la única fuerza suprema descubierta por Abraham, se perfile como una información salvadora que debemos agregar a nuestros cálculos y proyectos si queremos sobrevivir.

Unidad, y en consecuencia, igualdad

Hoy, nuestra única esperanza es unirnos, porque la unión, como lo veremos más adelante, es el rumbo que lleva la fuerza que maneja toda la vida. Nuestro reto, por lo tanto, es aprender a unirnos. Es posible y plausible, pero en tiempos de crisis, se requerirá el reconocimiento de la fuerza de la vida y generar un esfuerzo mutuo de colaboración y cooperación para que podamos vivir apegados a lo que dicta esta ley.

Deberíamos apuntar, sin embargo que la unidad no requiere de igualdad o similitud. Más bien, se requiere de la disparidad para unirse por encima de ella. Hoy en día, por ejemplo, existe un buen número de denominaciones dentro de la religión judía, así como judíos no afiliados. La unidad judía significaría que sin cambiar nuestras costumbres, sin converger hacia una denominación única, debemos unirnos para apreciarnos y a la larga realmente preocuparnos unos de los otros.

Si esto parece imposible, consideren una familia con varios hijos. En una familia promedio, cada integrante tiene su carácter único. La mayoría de las veces estas personalidades chocan, como lo testifica nuestra memoria de las peleas infantiles entre hermanos. Generalmente pensamos en nuestros hermanos y hermanas diciendo, "Si no fuera porque es mi hermano/a no podría soportarlo/la cerca de mí". Pero precisamente el hecho de que estemos juntos con nuestros disímiles familiares prueba que cuando existe el amor, podemos unirnos por encima de nuestras diferencias.

Esto es justamente lo que necesitamos hacer: unirnos a pesar de nuestras diferencias. De este modo, sentiremos intensamente tanto nuestras cualidades distintas y a menudo opuestas, y la unidad que pasa por encima de ellas. Cuando esto suceda emplearemos nuestras diferencias para bien, ya que cada uno de nosotros contribuye con sus perspectivas, ideas y maneras de actuar, que nadie más posee, formando de esta forma una unidad fortalecida. Así como nuestros cuerpos necesitan de los diferentes órganos para trabajar al unísono y conservarnos sanos, necesitamos de esta disimilitud y unirnos por encima de las diferencias para la meta común de hacer realidad el papel del pueblo judío: llevar la luz de la unidad a las naciones.

Volviendo a nuestro tema anterior, después de la salida de Abraham de Babilonia, la ciudad continuó cultivando el abandono egocéntrico. Y si bien no tiene nada de malo el placer y el gozo, cuando estos son absolutamente egocéntricos, a la larga se vuelven destructivos. El verdadero propósito de la vida, que Abraham descubrió, es volverse similar a la fuerza singular de la vida, experimentar la unicidad y la unidad con todos. Nuestros sabios llaman a esa unidad y unicidad, *Dvekut* [adhesión] y lo que querían decir con esa palabra es que en algún momento deberíamos adquirir las cualidades del Creador y ser similares e incluso iguales a Él.

Para citar las palabras de Rabí Meir Ben Gabai, "En lo que se refiere al *Dvekut* [adhesión] con las fuerzas del Gran Nombre y Sus cualidades, te adhieres al Señor tu Dios, pues Él es Su nombre, y Su nombre es Él, pues tú estás relacionado y eres similar a Él, y *Dvekut* con Él es la vida verdadera".[33] Asimismo, el Santo Shla escribió en *Toldot Adam (Las generaciones del hombre)*, "Nuestros sabios dijeron (*Sota14a*), 'Y ustedes que se adhieren al Señor' se adhieren a Sus cualidades y entonces él es llamado *Adam* (hombre), como en *adame la Elyon* [yo seré como el Altísimo]".[34]

En el Siglo 20, Baal HaSulam explicó detalladamente el término *Dvekut,* definiéndolo como "equivalencia de forma", es decir adquirir la "forma" (las cualidades) del Creador. En su *Introducción al Prefacio de la Sabiduría de la Cabalá,* escribe, "Así es como [el alma] será apta para recibir toda la abundancia y el placer incluidos en el Pensamiento de la Creación y también estará en *Dvekut* (adhesión) completa con Él, en equivalencia de forma".[35]

En la *Introducción al Libro del Zohar,* Baal HaSulam agrega, "De esta forma, uno adquiere la adhesión completa con Él, pues la adhesión espiritual no es sino la equivalencia de forma, como dijeron nuestros sabios, '¿Cómo sería posible adherirse a Él? Más bien, adherirse a Sus cualidades'".[36]

Con el tiempo, como lo mencionamos antes, el grupo de Abraham se convirtió en una nación y la necesidad de un nuevo método de unidad se hizo sentir. Las enseñanzas de Abraham persistían todo el tiempo que todos en Israel recibían la instrucción. Pero cuando el pueblo de Israel salió de Egipto sumaban 600,000 hombres y aproximadamente tres millones de personas en total. Era imposible enseñarles a todos de la misma manera que uno solo aprende de su maestro.

La solución fue descubierta al pié del Monte Sinaí. Allí, en ese punto crucial de la historia de nuestro pueblo, se nos entregó el precepto fundamental de la Torá, y sigue entregándose hoy en día, cada día y a cada instante. Ese principio, como Rabí Akiva lo manifestó es, "Ama a tu prójimo como a ti mismo".

Al pié del Monte Sinaí, explica el gran erudito e intérprete, RASHI, recibimos la Torá, las leyes bajo las cuales debemos unirnos, porque allí convenimos de todo corazón hacerlo. En sus palabras, "E Israel acampó allí, como un hombre y un solo corazón".[37] A partir de ese momento, la unidad ha sido el mayor activo del pueblo judío, el medio con el que alcanzamos al Creador, adquirimos Sus cualidades y alcanzamos *Dvekut,* la equivalencia de forma (las cualidades) de Él.

El *Midrash Tana De Bei Eliyahu* escribe, "El Señor les dijo, a Israel, 'Hijos míos, ¿me falta algo que deba pedirles? ¿Y qué pido de ustedes? Solo que se amen los unos a los otros, se respeten y reverencien unos a otros y no exista transgresión, robo o fealdad entre ustedes'".[38]

Con el tiempo, la unidad se volvió tan esencial que sustituía cualquier otro precepto en términos de importancia. Se convirtió en la única clave para la redención de Israel para salvarse de sus enemigos. *Midrash Tanhuma* escribe, "Si una persona toma un manojo de cañas, no puede romperlas todas a la vez. Pero si se toma una a la vez, incluso un niño la rompería. De igual manera, Israel no será redimido, hasta que estén todos en un único manojo."[39]

En el mismo espíritu, *Masechet Derech Eretz Zutah* escribe, "Así decía Rabí Eleazar ha-Kappar, 'Amen la paz y aborrezcan la división. Grande es la paz, pues incluso cuando Israel practica la idolatría y hay paz entre ellos, el Creador dice, 'No deseo tocarlos (dañarlos)' pues está escrito (Oseas 4:17), "Efraím se ha apegado a sus ídolos; déjale'. Si existe división entre ellos, ¿qué se dice acerca de ellos (Oseas 10:2)? 'Su corazón está dividido, ahora expiarán su culpa'".[40]

Y sin embargo, con todo lo que hemos dicho acerca de la importancia de la unidad, cuando miramos a nuestro alrededor es evidente que la mayoría de las personas no desean unirse, ni sienten que existe un provecho en la unidad, ciertamente no con sus prójimos, como lo dicta el precepto. Para entender cómo es que este principio se volvió tan esencial para la existencia de nuestro pueblo, y ahora para el mundo entero, necesitamos examinar la evolución de la realidad desde un punto de vista distinto al de la ciencia. Necesitamos observar la realidad como una evolución de deseos. Cuando vemos la realidad de esta forma, el razonamiento detrás de la preeminencia del deseo de unirse y la consecuente adquisición de la cualidad del Creador, serán tan claras como el cristal. Por lo tanto, la evolución de los deseos será el tema del siguiente capítulo.

2

Quiero, luego existo

En el capítulo anterior, señalamos que el nombre Israel está compuesto por las palabras *Yashar* (directo) y *El* (Dios). Hemos establecido que el nombre nació cuando Abraham reunió a un grupo de personas que querían alcanzar al Creador, descubrir a Dios y recibieron el nombre de "Israel", en virtud de ese deseo. En este capítulo discutiremos la formación de los deseos en general y la formación del deseo por el Creador, es decir Israel, en particular. Con ese fin, necesitamos examinar la realidad como una evolución de deseos.

En 1937, Baal HaSulam publicó *Talmud Eser HaSefirot* (El estudio de las diez Sefirot), un comentario magno sobre los escritos del ARI (Rabí Isaac Luria Ashkenazi), el autor del Árbol de la Vida. En ese comentario, el autor con gran detalle explica que, en la raíz de la realidad se halla el deseo de dar, que él denomina, "el deseo de otorgar", que después creó el deseo de recibir. Esta es la razón, explica Baal HaSulam, de que los sabios den testimonio de que "Él es bueno y hace el bien",[41] y hablan de "Su deseo de hacer el bien a Sus creaciones".[42]

En la primera parte del *Estudio de las Diez Sefirot*, Baal HaSulam explica por qué el deseo de otorgar necesariamente creó el deseo de recibir y por qué los dos deseos son el fundamento de toda la creación. En sus propias palabras, "Tan pronto como Él contempló la creación, con el propósito de deleitar a Sus creaturas, esta Luz (el placer) de inmediato se extendió y se expandió de Él en toda la medida y forma de los placeres que Él tenía contemplados. Todo está contenido en ese pensamiento, al que damos el nombre de 'Pensamiento de la Creación'. El ARÍ escribe que en el principio, una Luz de arriba, simple, llenaba toda la realidad. Esto significa que debido a que el Creador contemplaba deleitar a sus creaciones y la Luz se expandió de Él y salió de Él, el deseo de recibir Sus Placeres de inmediato quedó impreso en esa Luz".[43]

Para subrayar la afirmación de que el deseo de otorgar, el Creador, creó el deseo de recibir con el propósito de dar placer, Baal HaSulam, indica en esa sección, "El deseo de otorgar de Aquel que emana necesariamente engendra el deseo de recibir en el emanado, y éste (el deseo de recibir) es la vasija en la que el emanado recibe Su Abundancia".[44]

Ashlag no fue el primero en referirse a que el deseo de otorgar creó el deseo de recibir, aunque lo hizo más implícitamente. Rabí Isaia HaLevi Horowitz (El Santo Shla) también escribió que "Como Él quería hacer el bien a Sus creaciones, Él quiso beneficiarlas con un beneficio verdadero, como con el asunto de la creación de la inclinación al mal (el deseo de recibir, egoísmo) que está a favor de las creaciones".[45]

Al igual que los dos sabios antes mencionados, Rabí Nathan Sterhertz escribe en Liktey Halajot (Reglas Clasificadas), "El señor magnifica Sus misericordias y bondades, pues Él quería beneficiar a Sus creaciones absolutamente con lo mejor de todo lo mejor".[46]

Por lo tanto, el deseo de otorgar -el Creador- quiere otorgarnos a nosotros, Sus creaciones, y nuestro destino es recibir ese beneficio, el otorgamiento. Sin embargo, ¿cuál es ese beneficio, ese bien que debemos recibir?

En su *Introducción al estudio de las Diez Sefirot*, Baal HaSulam escribe que el beneficio que debemos recibir es alcanzar al Creador, lo mismo que Abraham hizo hace casi 4,000 años. En las palabras de Ashlag, "con el alcance (espiritual) uno siente el prodigioso beneficio que está contenido en el Pensamiento de la Creación, que es deleitar a Sus creaturas, con Su mano colmada, buena y generosa. Debido a la abundancia del beneficio que uno alcanza, hace su aparición un amor sublime entre la persona y el Creador, quien incesantemente derrama sobre uno, a través de las mismas vías y canales por las que el amor natural aparece. Sin embargo todo esto llega hasta la persona a partir del momento en que alcanza en adelante".[47]

Para alcanzar al Creador, debemos tener cualidades similares a las de Él, o como dice Baal HaSulam, debemos obtener "equivalencia de forma", con Él. En la *Introducción al Libro, Panim Meirot uMasbirot* (*El Rostro Acogedor y Resplandeciente*), Ashlag escribe, "Por lo tanto, ¿cómo puede uno alcanzar la Luz... cuando uno está separado y es totalmente contrario a la forma... y existe un gran odio entre ellos (El Creador y la persona)? ...En consecuencia, uno... purifica lentamente e invierte la forma de recepción para que tenga el propósito de otorgar. Se descubre que uno iguala su forma con el sistema de santidad, y la equivalencia y el amor entre ellos regresa... Por esto, uno es recompensado con la Luz... ya que ha ingresado a la presencia del Creador".[48]

Cuatro niveles de deseo moldean la realidad

Cuando examinamos la realidad desde la perspectiva de la evolución de los deseos, los cabalistas han descubierto que el deseo de recibir que hemos descrito contiene cuatro niveles distintos: inerte (inanimado), vegetal (la flora), el animado (la fauna), y el hablante (el humano). Desde que el ARÍ introdujo esta división de la realidad en estos cuatros niveles en el Siglo 16,[49] numerosos estudiosos y cabalistas han discutido acerca de estos cuatro niveles. MALBIM (Meir Leibush ben Iehiel Michel Weiser),[50] Rabí Pinjas HaLevi Horovitz,[51] y el RABaD (Rabí Abraham Ben David) quien escribió, "Todas las creaturas del mundo son inertes, vegetales, animadas y hablantes",[52] son apenas tres de los numerosos sabios que se han referido a la realidad constituida por estos cuatro niveles.

Sin embargo, ningún sabio o estudioso es tan descriptivo como Baal HaSulam. Sus escritos, que él explícitamente escribió para que todos los leyeran y comprendieran, sistemática y elaboradamente detalla la estructura de la realidad como los cabalistas y los estudiosos judíos la han percibido a través de los milenios. En su ensayo, *La Libertad*, explica la estructura de los deseos inerte, vegetal, animado y hablante bajo la sección, *La Ley de la causalidad*. Explica que todos los elementos de la realidad están conectados y surgen unos de otros. En sus propias palabras, "Es verdad que existe una conexión general entre todos los elementos de la realidad ante nosotros, que acatan la ley de la causalidad, por medio de causa y efecto, avanzando. Y así como es en el conjunto, es en cada parte en sí misma, es decir que cada una de las creaturas del mundo de los cuatro niveles -inerte, vegetal, animado y hablante- se rige por la ley de causalidad, a través de la causa y el efecto".

"Además, cada forma particular con un comportamiento particular, que cada creatura sigue mientras se encuentra en este mundo, es empujada por causas antiguas, obligándole a aceptar ese cambio de conducta y ninguna otra en absoluto. Esto es aparente para todos los que examinan los caminos de la Naturaleza desde un punto de vista puramente científico y sin rastro de desviación. En verdad, debemos analizar este asunto para permitirnos examinarlo desde todos sus ángulos".[53]

Los cuatro niveles dentro de nosotros

Lo que es más, nuestros sabios afirman que, los niveles del inerte, vegetal, animado y hablante no son exclusivos a la naturaleza exterior. Existen dentro de todos y cada uno de nosotros, formando la base de nuestros deseos e incluso la estructura interna de cada deseo. Rabí Nathan Neta Shapiro escribe, "Existen cuatro fuerzas en el hombre, el inerte, vegetal, animado y hablante, e Israel tiene una suplementaria, una quinta parte, pues ellos son los hablantes piadosos".[54]

Baal HaSulam nos proporciona una explicación más elaborada de la manera en que estos niveles de deseos trabajan dentro de nosotros, "Distinguimos cuatro divisiones en la especie hablante (los humanos), dispuestos en progresión uno encima del otro. Estos son, las Masas, los Fuertes, los Ricos y los Sagaces. Son iguales a los cuatro grados de toda la realidad que denominamos inerte, vegetal, animado y hablante.

"El inerte... hace surgir las tres propiedades, vegetal, animada y hablante. ...La fuerza más pequeña de entre ellas es la vegetal. La flora opera atrayendo lo que la beneficia y descarta lo dañino, de la misma manera que lo hacen los humanos y los animales. Sin embargo, no existe una sensación individual en ésta, sino una fuerza colectiva, común a todas las plantas en el mundo...

"Por encima de ella se encuentra el animado. Cada creatura se percibe, atrayendo lo que le beneficia y descarta lo perjudicial... Esta fuerza sensitiva en el animado es muy limitada en el tiempo y el espacio, ya que la sensación no opera ni siquiera a corta distancia fuera del cuerpo. Asimismo, no siente nada además de su propio marco temporal, es decir, el pasado o el futuro, sino solo el momento presente.

"Arriba de las dos se encuentra el hablante, que tiene una fuerza emocional y una intelectual. Por esta razón, su poder de atraer lo que es bueno y rechazar lo que lo daña no está limitado por el tiempo o el lugar, como en el animado. Debido a la ciencia que es una facultad intelectual, no limitada por el tiempo y el lugar, uno puede enseñar a los otros en dondequiera que se encuentren en la realidad, en el pasado o en el futuro y a través de las generaciones".[55]

Dónde radica nuestra libertad de elegir

Como lo hemos aprendido de Baal HaSulam, la diferencia entre el nivel hablante de la realidad y los otros tres niveles, ambos en su naturaleza de conjunto y dentro de nosotros, es que nosotros no estamos limitados al tiempo y al lugar en lo referente a lo que atraemos y lo que rechazamos. Dicho de otra forma, en toda la Naturaleza, la raza humana es la única especie que tiene libertad para elegir. Mientras que todas las otras creaturas siguen los dictados de la Naturaleza involuntariamente, nosotros podemos elegir ir en contra de los dictados de la Naturaleza, sin el pleno conocimiento de las implicaciones de nuestras acciones; sufrimos consecuencias drásticas por nuestros errores.

Y ya que interiormente consistimos de los mismos cuatro niveles, la misma regla se aplica dentro de nosotros y solo esos deseos y cualidades que pertenecen al nivel hablante son en los que tenemos libertad para elegir.

Dentro de nosotros, los deseos básicos y naturales -para la reproducción y la continuidad de las especies, procurarse albergue y provisiones- corresponden a los tres niveles de deseos en la naturaleza: inerte, vegetal y animado. El cuarto nivel -el hablante- manifiesta dentro de nosotros deseos de riquezas más allá de nuestras necesidades, poder, fama, respeto y conocimientos.

La diferencia fundamental entre los tres niveles inferiores y el superior es que los tres inferiores existen en toda creatura de la tierra. Cada creatura se esfuerza por asegurar la existencia de su especie y tener a sus crías a salvo en un albergue apropiado. Por el contrario, el cuarto nivel de los deseos, que definiremos brevemente como "deseos de riqueza, honor y conocimiento", son exclusivamente humanos.

Como en su naturaleza general, los tres niveles inferiores funcionan automáticamente, siguiendo los dictados de la Naturaleza. La única facultad en donde existe la libertad de elegir está en el nivel hablante de los deseos. Por consiguiente, debemos primero aprender cómo funciona nuestra naturaleza interior antes de intentar satisfacer los deseos del nivel superior.

Para trabajar con nuestro cuarto nivel de deseos apropiadamente, necesitamos conocer lo que afecta estos deseos y el propósito de su existencia dentro de nosotros. En efecto, es otro nivel de deseos interiores que "sustituye" a todos los cuatro niveles, y que existe solo en los seres humanos.

Un punto en el corazón

Este es un nivel que Rabí Nathan Shapiro denominó "El hablante piadoso". Es este deseo que nos mueve a explorar cómo funciona este mundo, qué lo hace operar así y por qué. Es este deseo que llamamos "Israel", *Yashar El* (directo al Creador). En Abraham ese deseo apareció como el anhelo de saber, ¿cómo es posible que esta rueda siempre gire sin necesidad de un operador?, ¿quién la hace rodar, ya que no puede hacerlo por sí misma?"[56]

Baal HaSulam dio el nombre de "el punto en el corazón", al deseo de conocer al Creador. En su *Introducción al libro del Zohar*, explica que se puede considerar al corazón como el conjunto de los deseos del individuo y "el punto en el corazón" es nuestro deseo que nos dirige al Creador.[57] Mi Maestro, Rabí Baruj Shalom HaLevi Ashlag (el Rabash), el primogénito de Baal HaSulam y su sucesor, explicó que el "punto en el corazón" es el deseo que se llama Israel. En sus propias palabras, "También existe Israel en una persona… pero se llama 'el punto en el corazón'".[58]

Ahora podemos ver porqué Abraham estaba tan decidido a compartir lo que había descubierto. Sabía que los deseos humanos estaban evolucionando y sabía que entre más evolucionaran más tenderían a adquirir riqueza, poder, dominio y conocimientos por encima de los demás. Tenía claro que si no adquirían la comprensión de la naturaleza de los deseos humanos, las personas no tendrían la capacidad de organizar a la sociedad y a sí mismos como correspondiera...

Cuando Nimrod frustró los esfuerzos de Abraham de difundir su conocimiento entre los babilonios, ese sabio reunió a todos sus seguidores y salió de Babilonia para propagar su mensaje en el exterior. Ciertamente, el legado que Abraham nos dejó es que aquellos que han entendido lo que él enseñaba, debían compartir el conocimiento con todo aquel que quisiera escuchar. En las palabras del *Libro del* Zóhar, "Abraham excavó ese pozo (*Beer Sheba*). Lo fundó porque había enseñado a todos los habitantes en el mundo a servir al Creador. Y una vez que lo hubo excavado, surgieron de él aguas vivas que nunca han dejado de fluir".[59]

Hoy en día, el pueblo de Israel son los descendientes de los discípulos de Abraham, personas con puntos en sus corazones, el punto de Israel dentro de ellos. Y a pesar de que ese punto está oculto bajo siglos de olvido, está a la espera de ser reavivado. En las palabras del Santo Shla, "Israel es llamado la 'Congregación de Israel' porque aunque abajo estén separados uno de otro, de todas formas, arriba, en la raíz de sus almas, son una sola unidad, y están congregados, pues son una parte del Señor. Las ramas (las personas de Israel) que desean retornar a sus raíces deben seguir el ejemplo de sus raíces, es decir, unirse abajo también. Cuando existe una separación entre ellos, al parecer causan separación y ruptura arriba; vean hasta donde llega el asunto. Por lo tanto, toda la casa de Israel debe perseguir la paz y ser uno solo, en paz y perfección, sin falta, para parecerse a su Hacedor (estar en equivalencia de forma con Él) pues ese es el Nombre del Señor, 'Paz'".[60]

Cuando Israel se una y se corrija a sí mismo, cumplirá con su vocación y será "Una luz para las naciones" (Isaías 42:6). En las palabras de Rabí Neftali Tzvi Yehuda Berlin (El NATZIV de Volozhin), "El motivo principal por el que casi todos nosotros vivimos en el exilio es que el Señor reveló a Abraham, nuestro Padre, que sus hijos fueron creados para ser una luz para las naciones, lo cual es imposible a menos que se encuentren dispersados en el exilio. Así estaba Jacob, nuestro padre, cuando llegó a Egipto, donde se encontraba la mayoría del pueblo. Por este hecho, Su nombre fue grande cuando observaron Su providencia para Jacob y sus descendientes".[61]

Hablando de la evolución de los deseos, la raza humana constituye el cuarto y el más alto nivel de deseo, el único que permite elegir libremente.

Pero para hacer las elecciones correctas, los individuos necesitan saber cómo funciona todo desde su raíz. El pueblo israelí representa el deseo de conocer la raíz y es por consiguiente su responsabilidad estudiar la raíz y transmitir sus descubrimientos y percepciones al resto de la humanidad. De esta forma, todos conocerán cómo conseguir que sus elecciones fructifiquen beneficiándolos. Para obtener ese conocimiento, Abraham creó un método de estudio que los sabios a través de los milenios han nutrido y desarrollado. El siguiente capítulo describirá la evolución de este método, que desde que se escribió *El Libro del Zóhar*, ha sido denominado como Cabalá.

3

Correcciones a través de los siglos

En el capítulo anterior, explicamos que los deseos crecen desde el inerte, al vegetal, al animado y al hablante. Expusimos que esta progresión ocurre tanto exteriormente, en la totalidad de la Naturaleza, como interiormente, en nosotros. También señalamos que solo en nuestro nivel hablante interior tenemos la libertad de elegir, pero para poder tomar las decisiones que nos beneficien, primero debemos aprender cómo opera la Naturaleza en su raíz.

Finalmente, apuntamos que Israel representa el deseo de conocer la raíz, el Creador, el Hacedor de todo lo que existe y que Abraham fue el primero en descubrir esta raíz. Él enseñó a sus contemporáneos y hoy en día nosotros, los judíos, los vástagos de ese deseo debemos cumplir con la vocación de Abraham y completar su tarea.

Lo que Abraham descubrió fue que el único problema que tenían sus semejantes era su ego creciente. Se estaban volviendo demasiado egocéntricos para mantener una sociedad sostenible. Solían ser "de un mismo lenguaje e idénticas palabras", pero debido a este creciente ego se volvieron alienados e incapaces de comunicarse. Eran tan indiferentes, tan insensibles entre ellos, y preocupados por su auto-exaltación, que como mencionamos en el capítulo anterior, "Si una persona caía y moría (durante la construcción de la Torre de Babel) ellos no hacían caso. Pero si caía un ladrillo se sentaban a llorar y decían, '¿cuándo aparecerá otro en su lugar'".[62]

Le peor fue que Abraham descubrió que el ego no dejaba de crecer. Es un rasgo inherente de la naturaleza humana, una característica particular del nivel hablante que el ego vaya en aumento constantemente porque se nutre de la envidia hacia los demás. En su *Introducción al Libro Panim meirot uMasbirot (El rostro resplandeciente y acogedor)*, Baal HaSulam escribe, "El Creador instiló tres inclinaciones en las muchedumbres (las personas), llamadas envidia, codicia y honor. Debido a ellas, las muchedumbres se desarrollan grado tras grado hasta hacer surgir el rostro de un hombre íntegro".[63] En otras palabras, la envidia no es mala en sí misma, y sin embargo hay que tratarla, corregirla y encausarla en forma constructiva.

La (no necesariamente) inclinación al mal

Cuando nuestros sabios escriben acerca de *Yetzer HaRa* (la inclinación al mal), se refieren a la manera en que usamos la envidia para herir a los demás o para beneficiarnos a sus expensas. Pero si usamos esta envidia, codicia y honor apropiadamente, se convierten en nuestros medios de corrección. Es debido a esto que el Santo Shla escribió, "Las peores cualidades son la envidia, el odio, la avaricia, la codicia, y otras, que son las cualidades de la inclinación al mal, las mismas precisamente con las que se servirá al Creador".[64]

Y sin embargo, inherentemente, usamos estas inclinaciones negativamente, como está escrito (Génesis 2:21) "Las inclinaciones del corazón humano son malas desde su niñez". Asimismo, "No hay más mal que la inclinación al mal", escribió Shimon Ashkenazi[65] y siglos antes, Midrash Raba estableció que, "Las personas están inmersas en la inclinación al mal, como fue dicho, 'Las inclinaciones del corazón humano son malas desde su niñez'".[66]

Abraham descubrió que de todas las creaciones, solo el hombre posee la inclinación al mal. Es por ello que el gran Ramjal escribió, "No existe otra creatura que pueda dañar como el hombre. Puede pecar, rebelarse y la inclinación del corazón humano es malo desde su niñez, lo cual no sucede con cualquier otra creatura".[67]

Baal HaSulam escribe que la inclinación al mal es el deseo de recibir.[68] Sin embargo, en los capítulos anteriores mencionamos que el deseo de recibir es la totalidad de la creación y el hombre constituye el cuarto y más desarrollado nivel del deseo de recibir. ¿Por qué entonces el deseo de recibir es el origen de todo mal?

El problema es que el deseo de recibir en el nivel humano y hablante no es estático. Está en constante crecimiento e incansablemente pide cada vez más. En las palabras de nuestros sabios, "Uno abandona el mundo sin siquiera la mitad de sus deseos en una mano, pues aquel que tiene cien deseos, doscientos; aquel que tiene doscientos, cuatrocientos".[69] Se debe a que sin cesar queremos más y siempre sentimos que nos falta algo. Asimismo el Santo Shla dice, "El que no está satisfecho siempre tiene carencia",[70] y por consiguiente se siente desgraciado y está insatisfecho. Al observar a nuestra sociedad de consumo, comprobamos que si sucumbimos a ese elemento de nuestra naturaleza, nos veremos lanzados a una "cacería de placer" sin fin, que no puede proporcionarnos felicidad.

Por lo tanto, Abraham se dio cuenta que la inclinación al mal, el odio y la separación, que aparecieron entre los babilonios eran los causantes de todos los conflictos entre ellos y que no había esperanza que este fermento se desconectara por sí mismo. Sin embargo, también comprendió que tener un intenso deseo de recibir era necesario para que se cumpliera con el propósito de la creación: que el hombre alcance la *Dvekut* (adhesión, equivalencia de forma) con el Creador. En las palabras de Ramjal, para completar la cita anterior, "Pero por otro lado, cuando (el hombre) es corregido y complementado, se eleva por encima de todo y se hace acreedor a adherirse (apegarse) a Él, y todas las demás creaciones son dependientes de él".[71]

Por lo tanto, en lugar de intentar suprimir la inclinación al mal, Abraham desarrolló un método que permitiera a las personas corregir, o "domar" su inclinación, refiriéndose a sus egos, y así sacar un beneficio de este crecimiento. Cuando hubo desarrollado el método lo compartió con todos, sin excepciones, como Maimónides testifica, "Empezó a convocar a todo el mundo".[72]

Como señalamos en la Introducción, Maimónides escribió de Abraham, "Él plantó este precepto (que solo hay un Dios, una fuerza en el mundo) en sus corazones, escribió libros al respecto y le enseñó a su hijo, Isaac".

Sin embargo, el método de Abraham era adecuado solo para sus contemporáneos. No era, ni estaba destinado a ser apto para las generaciones posteriores. Debido a que la inclinación al mal del nivel hablante -el deseo de recibir para uno mismo, que conocemos también como egolatría- siempre está creciendo y desarrollándose; y cuando el pueblo de Israel se constituyó como una nación y salió de Egipto, requirió de un nuevo método de corrección.

Los más o menos tres millones que salieron de Egipto, eran diferentes de las setenta almas que habían llegado allí dos siglos atrás. En Egipto, el deseo de recibir de Israel creció tremendamente y necesitó de una serie de instrucciones para corregirlo.

Moisés dijo, "¡Únanse!

La solución llegó bajo la forma de la Torá de Moisés, pero también con una nueva condición previa para la ejecución de cualquier corrección de ese día en adelante. Para recibir la Torá -escribe el gran comentador RASHI- el pueblo de Israel se situó al pié del Monte Sinaí, "como un solo hombre con un solo corazón".[73] Esta total y completa unidad evolucionó más adelante en una de las características prominentes de Israel -la garantía mutua- el rasgo que distingue a Israel de todas las naciones de su época.

Cuando aceptaron la condición de ser como un hombre con un solo corazón, Israel recibió la Torá, las instrucciones, un código de leyes que les ayudaría a domar el ego. Con éste se convirtieron en una sociedad cuyos miembros -hombres, mujeres y niños- alcanzaron al Creador y vivieron siguiendo la ley de garantía mutua, en equivalencia de forma con el único Dios (o fuerza) que Abraham había descubierto. *El Talmud Babilónico* escribe, "Ellos inspeccionaron de Dan a Beer Sheba y no se encontró a ningún ignorante (persona no corregida) de Gevat a Antipris, y no hubo niño o niña, hombre o mujer que no estuviera completamente versado en las leyes de la pureza y la impureza (correcciones según la ley de Moisés)".[74]

Con esta nueva unidad adquirida, Israel conquistó Canaán -que proviene de la palabra *Keniaa* (rendirse)-[75] y se convirtió en la Tierra de Israel, un lugar en donde reina el deseo del Creador. El Templo que Israel estableció en la tierra representó su nivel más alto de alcance (espiritual), donde continuaron desarrollándose e implementando el método de Moisés.

Y sin embargo, nuestros sabios escriben, "La inclinación al mal nace con el hombre y crece con él toda su vida",[76] y "La inclinación en el corazón del hombre es mala desde su juventud y siempre crece con todas sus lujurias".[77] De todas formas, el método de corrección de Moisés, las leyes que llamamos "la Torá", permaneció intacto a través del primero y del segundo Templo e incluso durante el exilio en Babel.

Pero a medida que la espiritualidad de Israel continuaba descendiendo, el pueblo se encontró con que era muy difícil aferrarse a su unidad y conexión con el Creador. Como resultado, el Segundo Templo estuvo en un grado inferior espiritual (nivel de conexión o equivalencia de forma con el Creador), que el primero. El cabalista Rabí Behayei Ben Asher Even Halua explica, "Desde el día en que la Divinidad estuvo presente en Israel, cuando se entregó la Torá, no se apartó de Israel hasta la destrucción del Primer Templo. Desde la destrucción del Primer Templo... no estaba presente permanentemente como durante el Primer Templo".[78]

Finalmente, el nivel de egolatría aumentó en el pueblo de Israel a tal punto que los apartó completamente, los unos de los otros y del Creador. En efecto, fue el alejamiento entre ellos que provocó que se alejaran del Creador, de la percepción de la fuerza fundamental de la vida. Esto, a su vez, trajo como resultado la destrucción del Segundo Templo y el exilio más largo y duradero.

En su libro *Netza Yisrael [El Poder de Israel]*, Rabí Yisrael Segal describe la caída de la gracia de Israel: "En el Segundo Templo había una virtud particular, que Israel no estaba dividido en dos; solo había unidad entre ellos. Por lo tanto, el Primer Templo fue destruido por las transgresiones que son Tuma'a (impureza) y el Señor no mora entre ellos en medio de su Tuma'a. Pero el Segundo Templo fue destruido por el odio sin fundamento, revocando su unidad, que fue su virtud durante el Segundo Templo".[79]

Igualmente, el gran erudito y poeta Rabí Abraham Ben Meir Ibn Ezra escribió, "'Y ustedes pisarán en sus elevados lugares', 'Y les permitiré cabalgar por los elevados lugares de la tierra', y la razón es el odio infundado que estaba presente en el Segundo Templo hasta que generó el exilio de Israel".[80]

La gran caída y las semillas de la redención

El exilio luego de la destrucción del Segundo Templo se originó en el odio infundado, pero también tuvo un doble propósito. El primero fue que el exilio era un incentivo para desarrollar el método de corrección. Ya que la Torá de Moisés no era suficiente para sostener el nivel espiritual de la nación, había llegado el momento de adaptar el método a las condiciones actuales del pueblo, que estaba en el exilio y más ególatra que durante el tiempo de Moisés. El segundo propósito del exilio fue que Israel se mezclara con las otras naciones, para difundir el "gen espiritual" a través del mundo y hacer posible la corrección de toda la humanidad, como Abraham la había concebido.

Durante la época de la destrucción del Segundo Templo, se escribieron dos corpus seminales. Uno fue la *Mishná* y el otro fue *El Libro del Zóhar*. El primero, junto con la Biblia se convirtió virtualmente en el fundamento de toda la sabiduría judía desde ese día en adelante. El segundo, por el otro lado, quedó oculto después de ser escrito: permaneció escondido por más de mil años, hasta que apareció en las manos de Rabí Moisés de León.

Los autores de la *Mishná, la Guemará* y el resto de los escritos de nuestros sabios han proporcionado al exiliado pueblo de Israel una guía tanto en el nivel espiritual como el físico. Si bien los escritos narran los estados espirituales, pueden ser percibidos como mandamientos materiales.

Debido a que las leyes que nuestros sabios implementaron tuvieron su origen en leyes espirituales, pudieron aplicarse en la vida material, al igual que Israel las había aplicado antes de la destrucción del Templo. De esta manera, los judíos mantuvieron algún nivel de conexión con el nivel espiritual del pasado, aunque sin el alcance real de la fuente y el origen de las leyes.

Rabí Menahem Nahum de Chernobil escribió con respecto a la desconexión de Israel del nivel espiritual y la pérdida de su alcance del Creador: "La razón del exilio es la destrucción del Templo en general y en particular, los Israel se han vuelto tan corruptos que provocaron la expulsión de la *Shejiná* (la Divinidad) del Templo general. El Templo particular (personal) se encuentra en sus corazones... y a través de la partida del Templo particular (de la Divinidad)... (ellos) se apartaron del Templo general y sobrevino el exilio".[81]

En el mismo contexto, Jonathan Ben Natan Netah Eibshitz escribió, "En el Primer Templo, la Divinidad no se movió del Templo porque el exilio fue por corto tiempo. Pero en el caso de la segunda destrucción que es por un período de tiempo más prolongado, la *Shejiná* (la Divinidad) se marchó completamente".[82]

Y mientras que la mayoría de los judíos se enfocaron en mantener una conexión con la espiritualidad en el nivel que les instruyeron los sabios de la *Mishná* y la *Guemará,* siempre han existido unos cuantos que sencillamente no pudieron conformarse con el cumplimiento ciego de los mandamientos. Las preguntas que llevaron a Abraham a descubrir al Creador ardían dentro de ellos; sus puntos en el corazón no estaban apagados y fueron empujados a los estudios más profundos: la sabiduría de la Cabalá.

Una nueva era, una nueva propuesta

Los cabalistas mantuvieron sus estudios en secreto. En salas secretas desarrollaron un método de corrección que se adecuara a todos, cuando llegara el momento. En pequeños grupos, algunas veces en solitario estudiaron y alcanzaron, pero guardaron lo que habían aprendido y escribieron casi todo para sí mismos.

Pero un día, en el Siglo 16 un joven que llevaba el nombre de Isaac Luria llegó a la ciudad cabalista de Safed en el norte de Israel. Su llegada marcó el inicio de una nueva era en la evolución del método de corrección. Por medio de su principal estudiante, Jaim Vital, Isaac Luria -conocido hoy en día como el Santo ARI- describió detalladamente una nueva propuesta de la sabiduría de la Cabalá. Sus explicaciones, técnicas en apariencia, de la estructura del sistema espiritual y sus sistemáticas y precisas descripciones, gradualmente se convirtieron en el medio de estudio prevaleciente entre los cabalistas.

El principal discípulo del ARI, Rabí Jaim Vital, escribió con diligencia lo que su maestro le había dictado. Al fallecer Rabí Vital, su hijo publicó sus escritos, y el más notable de ellos es *Tree of Life* and *Eight Gates (El Árbol de la Vida y Las Ocho Puertas).* Con el paso del tiempo, estas composiciones se convirtieron en el fundamento del método predominante de hoy en el estudio de la Cabalá, la Cabalá Luriánica, nombrada así por Isaac Luria, el ARI.

Permiso para estudiar

Junto con la predominancia creciente de la Cabalá Luriánica, se inició una gradual salida de la ocultación y más cabalistas sintieron que la época estaba preparada para revelar el método a través del cual el mundo alcanzaría su corrección final.

En su libro, *Light of the Sun (La Luz del Sol),* el cabalista Rabí Abraham Azulai escribió, "La prohibición desde lo Alto para restringir el estudio abierto de la sabiduría de la verdad (Cabalá) duró un período limitado, hasta finales de 1490. Después de esto, se considera que es la última generación, durante la cual la prohibición se levantó y se concedió permiso para estudiar *El Libro del Zóhar.* Y desde el año 1540 es una gran *Mitzvá* (mandamiento, buena obra, corrección) que la muchedumbre, jóvenes y viejos, estudien. Y puesto que como resultado, el Mesías puede aparecer y por ninguna otra razón, es inapropiado ser negligente".[83]

A pesar de que el ARI no permitió que nadie salvo Jaim Vital estudiara sus enseñanzas, éste último escribió profusamente acerca de la importancia de estudiar Cabalá. "Ay de las personas que por la afrenta a la Torá no se ocupan de la sabiduría de la Cabalá, que honra a la Torá, pues prolongan el exilio y todas las aflicciones que están por acontecer al mundo", escribió en su introducción al *Tree of Life (*Árbol de la Vida*).*[84]

En los siglos que siguieron, numerosos rabinos, cabalistas y eruditos afirmaron que el estudio de la Cabalá era vital para nuestra redención e incluso para la supervivencia de nuestra nación. A la mitad del Siglo XVIII, el Gaón de Vilna (HaGRA) escribió explícitamente, "La redención depende del estudio de la Cabalá".[85]

A principios del Siglo XIX, los cabalistas proclamaron que incluso los niños debían estudiar Cabalá, revocando abiertamente la prohibición del estudio antes de la edad de cuarenta años. Rabí Komarno escribió, "Si me atendiera el pueblo de esta generación en la que prevalece la herejía, profundizarían en el estudio del *Libro del Zóhar* y *Tikunim* (*Correcciones),* estudiándolos junto a niños de nueve años".[86]

A principio del Siglo XX, Rabí Isaac HaCohen Kuk, quien más tarde llegó a ser el Primer Jefe Rabino de Israel, abiertamente convocó al estudio de la Cabalá, así como el regreso de los judíos a la tierra de Israel. En *Orot (Luces)* escribió, "Los secretos de la Torá traen consigo la redención; traen de regreso a Israel a su tierra".[87]

En numerosas ocasiones, Rabí Kuk escribió abiertamente que cada judío debía estudiar Cabalá, a pesar de que rara vez empleaba el término explícitamente y en general se refería a ésta con sus epítetos conocidos, 'la sabiduría de la verdad', 'la sabiduría de lo oculto', 'la interioridad de la Torá', o 'los secretos de Torá'. En sus palabras, "Tenemos ante nosotros la obligación de expandir y establecer el compromiso con la parte interior de la Torá, con todas sus cuestiones espirituales, que en el sentido más extenso, incluye el amplio conocimiento de Israel, cuya cúspide es el conocimiento de Dios verdaderamente, conforme a la profundidad de los secretos de la Torá. En estos días se requiere de elucidación, escrutinio y explicación, para hacerla cada vez más clara y cada vez más expansiva entre la nación entera".[88]

Ahora, todos juntos

La última etapa en la evolución del método de la corrección comenzó a principios del Siglo XIX y es solo ahora que está tomando su ritmo. Debido a que somos parte de esta etapa, es la más significativa para nosotros.

Como expusimos en la Introducción, cuando Abraham descubrió primero que una fuerza gobierna y guía al mundo, empezó a diseminar su conocimiento. Su aspiración era entregarla a todas las personas, sin excluir a nadie. Sin embargo, Nimrod, rey de Babilonia, le impidió alcanzar su objetivo y Abraham tuvo que marcharse, llegando al fin a la tierra de Canaán, que él convirtió en Israel (nombrado por el deseo de alcanzar *Yashar El*, directo al Creador).

El objetivo no ha cambiado con el paso de los siglos, "Noé fue creado para corregir el mundo en el estado en que se encontraba en ese entonces… y ellos (sus contemporáneos) también recibirán la corrección de él", escribe Ramjal.[89] Asimismo, en su comentario sobre la Torá, el Ramjal escribe, "Moisés quiso completar la corrección del mundo en ese tiempo. Es debido a esto que tomó a la multitud mezclada, pensando que así se haría la corrección del mundo, que se realizará al final de la corrección… Sin embargo no lo logró debido a las corrupciones que se presentaron en el camino".[90]

Después de la destrucción del Segundo Templo, los cabalistas decidieron ocultar la sabiduría a todos, judíos y no judíos por igual, hasta que llegó la época del ARI, cuando sintieron que había llegado el momento de revelarla a todos. En este punto empezaron a enseñar y a circular la sabiduría de tal forma que ha crecido en forma directa y explícita en cada generación.

En los inicios del Siglo 20, todas las inhibiciones desaparecieron y los cabalistas abiertamente hicieron un llamado para difundir la sabiduría y enseñarla a todas las naciones. Rabí Kuk expresó su manera de pensar muy claramente en una de sus cartas, "He aceptado descubrir todos los secretos del mundo, pues ha llegado el momento de hacer por el Creador, como se requiere en esta época. Sabios mejores y más grandes que yo han sufrido la difamación nacional por tales asuntos, cuando sus espíritus puros los presionaban a corregir a la generación, para hablar con un nuevo lenguaje y revelar lo que está oculto, a lo cual el intelecto de las muchedumbres no está acostumbrado".[91]

Durante la Primera Guerra Mundial se sintió obligado a definir la conexión que observaba entre los conflictos del mundo y el despertar de la fuerza espiritual de Israel a través de la unidad. En su libro *Orot (Luces)* escribió, "La construcción del mundo que se convulsiona por las tremendas tormentas de la espada ensangrentada, requiere la construcción de la nación israelí. La construcción de la nación y la revelación de su espíritu es uno y lo mismo y es uno con la construcción del mundo, que se convulsiona anticipando una fuerza plena de unidad y sublimidad y todo esto está en el alma de la Congregación de Israel".[92]

Su contemporáneo, Baal HaSulam escribió ampliamente, y a menudo abiertamente acerca de la necesidad de revelar la sabiduría de la Cabalá a todos, particularmente en estos días. En su ensayo, *El Shofar del Mesías,* escribió "Han de saber que esto es lo que significa que los hijos de Israel serán redimidos solo después de que la sabiduría de lo oculto sea revelada en gran medida, como está escrito en *El Zóhar,* 'Con esta composición, los hijos de Israel quedan redimidos del exilio'.

"...Según mi apreciación, nos encontramos en una generación que está de pié ante el umbral mismo de la redención, si tan solo sabemos difundir la sabiduría de lo oculto a la muchedumbre".

"...Existe otra razón: Hemos aceptado que hay una condición previa para la redención; que todas las naciones del mundo reconozcan la ley de Israel (de otorgamiento), como está escrito, 'Y la tierra estará llena del conocimiento'. Es como en el ejemplo del Éxodo de Egipto, en donde hubo la condición previa de que el Faraón, también reconociera al verdadero Dios y Sus leyes y les permitiera salir".

"...Deben entender cómo arribarían las naciones del mundo a comprender tal noción y deseo. Han de saber que es a través de la diseminación de la verdadera sabiduría, para que ellos evidentemente vean al verdadero Dios y la verdadera ley (de otorgamiento). Y la diseminación de la sabiduría en las muchedumbres se llama 'un *Shofar* (un clarín, o un cuerno de chivo para festividades)'. Como el *Shofar,* cuya voz viaja a grandes distancias, así el eco de la sabiduría se extenderá por todo el mundo".[93]

Ciertamente, el legado de estos gigantes espirituales se ha realizado y hoy en día cualquier persona que lo desee puede estudiar "la sabiduría de lo oculto" independientemente de su religión, edad o género, ya que no está oculta. Tal como Abraham lo visualizó, nuestra Babilonia global puede ahora estudiar la ley fundamental de la vida que la crea y la sostiene y no existen limitaciones en absoluto.

Pero si todo está bien, ¿por qué existe tanto mal en el mundo? ¿Por qué existen tantas personas que aún sufren y por qué sigue creciendo el número de gente afligida? ¿Si la ley fundamental de la vida puede ser conocida por todos, por qué la conocen tan pocos, particularmente ahora que estamos tan perdidos para manejar las múltiples crisis que se abaten sobre la sociedad humana? Si esa ley es el Creador y puede, por lo tanto, arreglar todo, ¿por qué no están todos apresurándose a conocerla?

Para responder a estas preguntas necesitamos entender los caminos por los que se esparce la sabiduría, específicamente el papel del pueblo judío en la diseminación de la Cabalá y lo que significa ser una luz para las naciones. En consecuencia, el siguiente capítulo discutirá el papel del pueblo judío visto a través de los ojos de la Cabalá.

4

Una nación con una misión

"Abraham fue recompensado con la bendición de ser como las estrellas del cielo; Isaac, la bendición de la arena y Jacob como el polvo de la tierra, pues los hijos de Israel fueron creados para corregir a toda la creación".

Yehuda Leib Arie Altar (ADMOR de Gur), Sefat Emet (Labios Veraces) Bamidbar (Números)

Al final del capítulo anterior planteamos la pregunta, "Si todo está bien, ¿por qué existe tanto mal en el mundo?" y "¿Si la ley fundamental de la vida puede ser conocida por todos, cómo es que la conocen tan pocos, particularmente ahora que nos encontramos tan perdidos para manejar las múltiples crisis que se abaten sobre la sociedad humana?" Apuntamos que para dar contestación a esas preguntas es necesario entender cómo se propaga el conocimiento de la ley y la relación de los judíos con su diseminación.

Podrán recordar que en la introducción, establecimos que cuando Abraham descubrió que una sola fuerza guiaba al mundo, se apresuró a informar a sus coterráneos acerca de su descubrimiento. No puso ninguna condición previa; quería compartir con todos este conocimiento recién adquirido. Desgraciadamente, ni el rey, Nimrod, ni el pueblo estaban listos a aceptar la noción de que la fuerza de vida gobernante es el otorgamiento y que su meta en la vida, como expusimos en el Capítulo 1, era revelarla siendo similares a ella, e incluso iguales. Los babilonios de la época de Abraham estaban demasiado ocupados construyendo su torre y tratando de desafiar las leyes de la Naturaleza.

A medida que Abraham recorría lo que ahora conocemos como el Cercano y Medio Oriente en su camino hacia Canaán, reunía bajo su tienda, y precepto, a todo aquel que pudiera comprender sus nociones y comprometerse a pasar del egoísmo al otorgamiento. Esas personas más tarde se convirtieron en la nación de Israel, que recibieron su nombre por el deseo de alcanzar directo al Creador.

Y sin embargo, los cuatro niveles -inerte, vegetal, animado y hablante- son una constante. Deben actualizarse al máximo, y todos aquellos que físicamente pertenecen al nivel hablante a la larga deberán llegar a la espiritualidad también. El hecho de que no todos los babilonios estaban listos para comprometerse a la transformación en la época de Abraham, no cambia en nada los términos del propósito final de la existencia de la raza humana. Por consiguiente, aquellos que estaban preparados y dispuestos para el compromiso se convirtieron en los "guardianes" del conocimiento encargados de guardarlo y nutrirlo para la posteridad.

En su ensayo, *La Arvut (La Garantía Mutua)*, Baal HaSulam escribió, "(El Creador dijo) 'Ustedes serán Mi *Segulá* (remedio/virtud) de entre todos los pueblos'. Esto significa que ustedes serán Mi remedio y las chispas de purificación y limpieza del cuerpo pasarán a través de ustedes a todos los pueblos y las naciones del mundo. Las naciones del mundo aún no están preparadas para ello, y necesito al menos una nación para empezar ahora, porque será el remedio para todas las naciones".[94]

Esta cita, aunada a las palabras de Rabí Altar, citado al inicio de este capítulo, "Los hijos de Israel fueron creados para corregir a toda la creación", que se suma a las citas que seguirán en este capítulo, no deja duda alguna de la visión de los líderes espirituales judíos a través de los siglos sobre el papel de la existencia de los judíos en el mundo.

Cuando Moisés condujo al pueblo de Israel fuera de Egipto, tenía como intención principal transmitirles la ley que él mismo había aprendido, la ley que

Abraham había aprendido antes de él. Su aspiración era terminar o al menos adelantar la misión que Abraham había emprendido generaciones atrás. Rabí Moshé Jaim Lozzatto, el gran Ramjal, escribió acerca de esto, "Moisés quiso completar la corrección del mundo en ese tiempo. Es debido a esto que tomó a la multitud mezclada (personas ególatras, sin deseos corregidos), pues pensó que así sería la corrección del mundo, que se realizará al final de la corrección... Sin embargo, no lo logró debido a las corrupciones que se presentaron en el camino".[95] A pesar de las dificultades, escribe Rabí Isaac Wildman "Esa era la plegaria de Moisés y la bendición a la generación del desierto: que ellos fueran el comienzo de la corrección del mundo".[96]

Sin embargo el mundo no deseaba la corrección. Las naciones no estaban preparadas para prescindir del amor propio y abrazar el altruismo -dar- como principal cualidad. Por lo que la nación israelí, entretanto, continuó puliendo su propia corrección, esperando que el resto de las naciones estuvieran dispuestas y listas. En las palabras de Ramjal, "Deben saber... que la creación en su conjunto no quedará completada hasta que toda la nación esté ordenada en el orden preciso, completada con todos sus atavíos, con la *Shejiná* (la Divinidad) adherida a ella. En consecuencia, el mundo llegará a su estado completo... Debemos llegar a un estado en que la nación esté totalmente complementada con todas las condiciones requeridas, y que toda la creación reciba su completitud, y entonces el mundo quedará establecido permanentemente en su estado corregido".[97]

Resulta que la nación israelí actúa como un canal a través del cual la corrección, es decir, la cualidad de otorgamiento, debe llegar hasta los destinatarios: las naciones del mundo. En su elocuente y florido estilo, Rabí Kuk puntualiza cómo percibe el papel de los judíos en relación al resto de las naciones, "Como la vocación de Israel, en su carácter de nación del Señor, está presente, completa, aparente, duradera y activa en el mundo, es un testimonio válido para el mundo, para toda la posteridad, para perfeccionar la forma de la raza humana, para conservar sus características y elevarla por los peldaños de la santidad apropiados para ella... que el Señor ha determinado. Y ya que nuestra vocación es permanente, acompañando a la vocación de toda la Naturaleza -cuya ley es completar todas las creaciones y llevarlas a la cúspide de la perfección- debemos resguardarla devotamente, para la vida de todos nosotros, que se abriga dentro de ella, y para toda la humanidad y su desarrollo moral, cuyo destino depende del destino de nuestra existencia".[98]

Como hemos presentado en la Introducción de este libro, Rabí Kuk va tan lejos como para decirnos, "El movimiento genuino del alma israelí en su máxima manifestación, se expresa solo por su fuerza sagrada y eterna, que fluye en su espíritu. Esto es lo que la ha constituido, la constituye y hará de ella una nación que se erige como una luz para las naciones".[99]

En su libro, *Ein Aya (Un ojo de halcón)*, Rabí Kuk agrega también: "Dentro de Israel se encuentra una santidad oculta para elevar el valor de la vida misma a través de la Divinidad que se halla presente en Israel. El alma nacional de la Congregación de Israel aspira a lo más sublime y excelso, actuar en la vida mediante los valores más elogiados y piadosos, a través del mismo valor que hará que ninguna persona sea capaz de preguntar, '¿Cuál es el propósito de tal existencia?' habiendo visto la gloria y la sublimidad de su bondad y magnificencia. Con absoluta completitud será completada dentro de la casa de Israel, y desde allí, irradiará a la tierra y a todo el mundo, 'pacto del pueblo, y una luz para las naciones'".[100]

De igual forma, Rabí Neftali Tzvi Yehuda Berlin (conocido como el NATZIV de Volozhin) escribió, "Isaías el profeta dijo, 'Los tomaré de la mano y los guardaré; Y te he destinado a ser pacto del pueblo y luz para las naciones', esto es, para corregir el pacto, que es la fe, para toda nación. Desecharán la fe en los ídolos y creerán en un solo Dios. Ciertamente, el pacto con Abraham, nuestro Padre, fue firmado sobre esta cuestión".[101]

Combinar y mezclar

Y sin embargo, ¿cómo fluirá la corrección entre las naciones? Si la nación de Israel se corrige a sí misma, ¿cómo afectará a las otras naciones?

Cuando Abraham descubrió primero al Creador, lo comunicaba a todo el que quisiera escucharlo y los que se unieron a él se convirtieron en el pueblo corregido. Estas personas fueron a Egipto y finalmente emergieron de allí en números mayores, una nación entera. Esa nación recibió la Ley de la Corrección, es decir la Torá, y se corrigió a sí misma. Durante el primer Templo, la nación judía alcanzó su mayor nivel de conexión con el Creador, como hemos expuesto en el capítulo anterior. A partir de allí la nación inició su declinación hasta que el pueblo fue exiliado a Babel. Cuando retornaron a la tierra de Israel, la mayoría de la nación judía eligió quedarse en la diáspora y asimilarse.

De hecho, así es como comenzó la transmisión del mensaje. Cuando las personas que alguna vez fueron corregidas -que habían trascendido su amor propio y habían descubierto al Creador- se mezclaron con aquellos que nunca habían pensado así; estas nobles ideas empezaron a extenderse dentro de la sociedad que los albergaba, promoviendo más pensamientos humanitarios en la mente de la gente. Si bien estos no eran pensamientos corregidos, surgiendo de las mentes que habían trascendido el egoísmo, la noción de universalismo y humanitarismo, de todas formas, comenzó a apoderarse de la mente de las personas.

En verdad, durante el Renacimiento, algunos eruditos reconocidos sostenían que los griegos habían adoptado al menos algunos de sus conceptos de los judíos, en este caso específico de la Cabalá. Johannes Reuchlin (1455-1522), por ejemplo, el consejero político del Canciller, escribió en De Arte Cabbalistica (Sobre el Arte de la Cabalá), "Sin embargo, su (Pitágoras) preeminencia proviene no de los griegos, sino nuevamente de los judíos... Él mismo fue el primero en convertir el nombre de Cabalá, desconocido para los griegos, para darle el nombre griego de filosofía".[102]

En 1918, un pastor francés, Charles Wagner, fue citado por haber escrito, "Ninguna de los resplandecientes nombres de la historia -Egipto, Atenas, Roma- puede compararse con la grandeza eterna de Jerusalén. Israel ha dado a la humanidad la categoría de santidad. Solo Israel ha conocido la sed de justicia social y esa santidad interior que es la fuente de la justicia".[103]

En épocas más recientes, el historiador cristiano, Paul Johnson, escribió en Una Historia de los Judíos: "El impacto judío en la humanidad ha sido proteico. En la antigüedad fueron los más grandes innovadores en materia de religión y moral. En la Edad Media y en la primera parte de la Europa medieval eran aún un pueblo avanzado que transmitían poco conocimiento y tecnología. Gradualmente fueron expulsados del carro y se quedaron rezagados; a finales del Siglo 18 fueron percibidos como la retaguardia en ruinas y oscurantista de la marcha de la humanidad civilizada. Pero entonces llegó un sorprendente segundo estallido de creatividad. Evadiéndose de los guetos, una vez más transformaron el pensamiento humano, esta vez en la esfera secular. Gran parte del mobiliario mental del mundo moderno es también de fabricación judía".[104]

De igual forma, en The Gifts of the Jews: How a Tribe of Desert Nomads Changed the Way Everyone Thinks and Feels (Los regalos de los judíos: cómo *una tribu de nómadas del desierto cambió el modo de pensar y sentir de todos)*, su autor Thomas Cahilll, ex director de la publicación religiosa en *Doubleday* describe las contribuciones judías al mundo, las cuales, desde su punto de vista comenzaron durante el exilio en Babilonia. "Los judíos lo empezaron todo", escribe, "y a través de esto", refiriéndome a tantas cosas que son importantes para nosotros, los valores fundamentales que nos integran a todos, judíos y gentiles, creyentes o ateos, funcionamos. Sin los judíos, veríamos al mundo con ojos diferentes, oiríamos con otros oídos e incluso tendríamos sentimientos distintos... Pensaríamos con otra mentalidad, interpretaríamos todas nuestras experiencias de otra forma, sacaríamos distintas conclusiones de las cosas que nos acontecen. Y les daríamos un curso diferente a nuestras vidas".[105]

Es muy interesante ver que algunos reconocidos líderes judíos también escriben acerca de la difusión (y deterioro) de la sabiduría judía después de la destrucción del Primer Templo. Rabí Shmuel Bernstein de Sojatkov, por ejemplo, escribió, "Los griegos tenían la sabiduría de la filosofía, que se originó en los escritos del Rey Salomón, que llegaron a su poder después de la destrucción del Primer Templo. Sin embargo, los estropearon al hacerles reducciones, agregados y sustituciones, hasta que falsas perspectivas se mezclaron con ellos. Y sin embargo, la sabiduría en sí misma es buena, pero partes malas se mezclaron a ella".[106]

Baal HaSulam escribió de igual forma en *La sabiduría de la Cabalá y la filosofía*, "Los sabios de la Cabalá observan la teología filosófica y se quejan que ellos han robado la costra superior de su sabiduría, que Platón y sus predecesores griegos habían adquirido mientras estudiaban con los discípulos de los profetas en Israel. Ellos han hurtado elementos básicos de la sabiduría de Israel y se pusieron una capa que no les pertenecía".[107]

El legado de los judíos

Los judíos que se quedaron en Babilonia después de la destrucción del Primer Templo desaparecieron sin dejar traza, como no fueran las nociones que ellos legaron a sus anfitriones. Después, cuando el Segundo Templo fue destruido, todo el pueblo judío fue exiliado e introdujeron en el mundo los dos preceptos que se convirtieron en el fundamento de las tres religiones, acertadamente llamadas abrahámicas: "Ama a tu prójimo como a ti mismo", y el monoteísmo; es decir que solo hay un Dios, una fuerza que gobierna al mundo. Estas nociones son fundamentales para el éxito de la corrección de la humanidad porque cuando se entienden correctamente, el primero define la manera en que lograremos la corrección: a través del amor a los demás, no a nuestros familiares, sino a nuestro prójimo, es decir a los extraños. El segundo define la esencia de nuestro alcance (espiritual), una vez que estemos corregidos: la fuerza singular de la realidad.

Por consiguiente, el Professor T.R. Glover de la Universidad de Cambridge escribió en *The Ancient World (El mundo de la antigüedad)*, "Es muy extraño que todas las religiones vivas del mundo, todas han sido construidas sobre las ideas religiosas derivadas de los judíos".[108] Asimismo, Herman Rauschning, un revolucionario conservador alemán, quien brevemente se unió a los nazis antes de romper con ellos, escribió en *The Beast from the Abyss (La Bestia del Abismo)*, "El Judaísmo, sin embargo... es un componente inalienable de nuestra civilización occidental cristiana, el eterno "llamado al Sinaí" contra el que la humanidad una y otra vez se rebela".[109]

El exilio del pueblo judío de la Tierra de Israel fue un largo proceso a través del cual los judíos y por consiguiente los valores judíos, fueron gradualmente absorbidos por las naciones que los albergaban. Yosef Ben Matityahu, mejor conocido como Flavio Josefo, el historiador romano-judío, describe la expulsión de los judíos por los romanos al principio del exilio. En *Las Guerras de los Judíos*, Flavio escribe, "Y como él recordaba que la décimo segunda legión había cedido a los judíos bajo Cestius, su general, los expulsó de toda Siria pues se habían asentado antes en Rafanea y los envió a un lugar llamado Meletine, cerca del Éufrates, que se encuentra en los límites de Armenia y Capadocia".[110]

En el Capítulo 3, Flavio se extiende, "Pues como la nación judía está ampliamente dispersada por toda la tierra habitable entre sus pobladores, es así que está muy entremezclada con Siria debido a su vecindad, y tenía grandes multitudes en Antioquía a causa de lo extenso de la ciudad, en donde los reyes, después de Antioquio, les habían dejado asentarse con toda tranquilidad sin molestia alguna.[111]

Hoy en día, narra el autor Yaakov (Jacob) Leschzinsky en *La dispersión judía*, que los judíos se han extendido por todo el mundo a un ritmo sorprendente. "Cuando estudiamos la diáspora de la judería por todo el globo y por todo el mundo civilizado", escribe, "estamos sorprendidos de ver que esta nación que es la más antigua en el mundo, es en verdad la más joven en términos de la tierra bajo sus pies y el cielo sobre su cabeza.

A causa de las despiadadas persecuciones y las expulsiones forzadas, la mayor parte de los judíos son solo recién llegados en sus respectivas tierras de residencia. El noventa por ciento del pueblo judío han vivido no más de cincuenta o sesenta años. (Los judíos) están dispersos en más de cien tierras de los cinco continentes".[112]

Resulta interesante que mezclarse con otras naciones es precisamente lo que se requiere para completar la corrección de Moisés. Si bien es cierto que, todo el tiempo que Israel estaba apartado de otras naciones, los preceptos antes mencionados en el corazón del judaísmo no podían contaminarse, es también cierto que los judíos tenían mucho que ganar de su exilio entre las naciones. Es por esto que *El Libro de los Salmos* (106:35) nos dice que los judíos fueron exiliados para "Mezclarse con las naciones y aprender de sus acciones".

Adán – El primer hombre, el alma colectiva

El ARI explica que en realidad, todos somos partes de una sola alma, conocida por los cabalistas como *Adam HaRishon* (el primer hombre) y por las demás personas como *Ad*án. El exilio, dice el ARI, ocurrió como la continuación de un proceso de corrección. En *Shaar HaPsukim (La puerta a los versos)* escribe, "*Adam HaRishon (Adán)* contiene a todas las almas y contiene a todos los mundos. Cuando él pecó todas esas almas cayeron de él en las *Klipot* (cáscaras, formas de egolatría), que se dividen en setenta naciones. Israel debe exiliarse allí, en cada una de las naciones, y reunir los lirios de las almas santas que están dispersas entre esas espinas, como nuestros sabios escribieron en *Midrash Raba*, "¿Por qué Israel fue exiliado entre las naciones? Para agregarse extranjeros".[113]

En ese sentido, El NATZIV de Volozhin escribió, "Su comienzo fue en el Monte Ebal... pero ellos completaron este sublime asunto solo a través del exilio y la dispersión".[114]

Es por una buena razón que el exilio es necesario, con el fin de completar la corrección de los judíos, y después la del mundo entero. Antes dijimos que cuando Abraham ofreció el método de corrección a sus compatriotas babilonios, ellos lo rechazaron porque estaban ocupados, siendo autoindulgentes y ególatras. Y sin embargo, si todos somos parte de un alma colectiva, como el ARI lo afirma, a la larga todos nosotros tendremos que alcanzar la corrección mediante la cual descubriremos al Creador y nos volveremos como Él. Este es el beneficio, descrito en el capítulo 2, que Él tenía destinado dar a la humanidad.

Por consiguiente la corrección de Abraham fue solo el comienzo del proceso, ciertamente no su final. En un extenso y detallado ensayo intitulado, *Y ellos construyeron ciudades de almacenaje*", Baal HaSulam escribe, "Debemos entender también lo que Abraham, el Patriarca, preguntó, '¿En qué conoceré que ha de ser mía?' (Génesis 15:8) ¿Qué fue lo que le respondió el Creador? Está escrito, 'Dijo a Abram, Has de saber que tus descendientes serán forasteros en tierra extraña'"[115] (Génesis 15:13). Baal HaSulam explica que con esta contestación, el Creador promete a Abraham que toda la gente alcanzará la corrección por medio de la mezcla de la nación corregida -Israel- con las naciones no corregidas, en este caso representadas por Egipto.

Sorpresivamente, en respuesta a esta pregunta, el Creador le promete a Abraham el exilio. Y no solo eso, escribe Baal HaSulam, Abraham "... aceptó esto como una garantía de la herencia de la tierra".[116] Ciertamente Abraham conocía que la mezcla de los deseos   -representada por las diferentes naciones del mundo- era necesaria para completar la corrección de la humanidad. Considerando que cada una de las naciones representa una parte del alma de Adam, es necesario que cada parte del alma sea introducida en el método de corrección, y que esa parte del alma eventualmente la adopte. Es por esto que Israel debía ser exiliado y dispersado a través del mundo.

Como parte de la expansión del proceso de corrección de la humanidad, Abraham fue al exilio en Egipto, en donde su tribu había crecido como una nación. Y cuando la nación israelí se exilió luego de la destrucción del Primero y el Segundo Templo, introdujo el método de corrección en todo el mundo.

A pesar de que el método claramente no ha sido adoptado por el resto de la humanidad, de cualquier forma ha plantado los preceptos que hemos mencionado, principios que constituyen una base común para el proceso de corrección tan pronto como las personas empiecen a buscarlo.

En *La Arvut* (*La garantía mutual*), Baal HaSulam detalla el proceso a través del cual la nación israelí se corrige primero a sí misma, para después llevar la corrección al resto de las naciones. En sus palabras, "Rabí Elazar, el hijo de Rashbi (Rabí Shimon Bar-Yojay) esclarece este concepto de *Arvut* aún más. Para él no es suficiente que todo Israel sean responsables unos de otros, sino que todo el mundo está incluido en esa *Arvut*. ...Todos admiten que para empezar, es suficiente con una nación para la observancia de la Torá (la ley del otorgamiento) y dar inicio a la corrección del mundo. Era imposible comenzar con todas las naciones a la vez, como han dicho que el Creador fue con la Torá a todas las naciones y lenguas y no quisieron recibirla. En otras palabras, estaban inmersas en... el amor propio... al punto en que era imposible pensar en esos días si estaban conformes en retirarse del amor propio.

...Pero el final de la corrección del mundo, sucederá solo trayendo a toda la gente del mundo bajo Su servicio, como está escrito, 'Y será el Señor Rey sobre toda la tierra; y el día aquel será Único el Señor y Único Su Nombre' (Zacarías 14:9). 'Confluirán a Él todas las naciones' (Isaías 2:2)

Pero el papel de Israel hacia el resto del mundo se parece al papel de nuestros Santos Patriarcas hacia la nación israelí. Así como la justicia de nuestros Patriarcas nos ayudó a desarrollar y purificar y ser dignos de recibir la Torá (la Ley de otorgamiento)... le corresponde a la nación israelí capacitarse y a todas las personas del mundo mediante la Torá y *Mitzvot* (correcciones de la egolatría), para desarrollarse hasta que tomen sobre sí mismos el sublime trabajo de amor por los otros, que es la escalera del propósito de la creación, que es Dvekut (similitud/equivalencia de forma) con Él".[117]

Asimismo en su ensayo, *Una sirvienta que es heredera de su ama*, Baal HaSulam escribe, "El pueblo de Israel que fue elegido como operador del propósito general y corrección... tiene la preparación requerida para crecer y desarrollarse hasta que motive a las naciones del mundo también a alcanzar la meta común".[118]

Es posible que Baal haSulam y su hijo, el Rabash, hayan sido los cabalistas más recientes en afirmar que el papel de Israel en el mundo es traer el método de corrección al resto de las naciones, pero ciertamente no fueron los primeros. Numerosos rabinos, cabalistas y eruditos que vivieron en la época de la destrucción del Segundo Templo lo afirmaron de igual manera.

Por lo tanto, *Midrash Raba* dice que, "Israel trae la luz al mundo",[119] y el *Talmud Babilónico* agregó, "El Creador actuó con justicia hacia Israel, al dispersarlos entre las naciones".[120] Rabí Yehuda Altar, el ADMOR de Gur escribió, "Cualquier exilio al que van los hijos de Israel es solo para hacer surgir las sagradas chispas en las naciones (similar a las palabras antes citadas de Baal HaSulam). Los hijos de Israel son los garantes de que si ellos recibieron la Torá para corregir al mundo, las naciones la recibirán también".[121]

De la misma forma, Rabí Hillel Tzaitlin escribe, "Si Israel es el único y verdadero redentor del mundo entero, debe estar apto para esa redención. Israel primero debe redimir su propia alma, la santidad de su alma, la santidad de su *Shejiná* (Divinidad)... Con esta finalidad, quiero establecer con este libro la 'unidad de Israel'... Si se fundamenta, la unificación de los individuos será con el propósito de una ascensión interior y una invocación para la corrección de todos los males de la nación y del mundo".[122]

Quisiera concluir este capítulo con unas cuantas palabras de Baal HaSulam, que en unos cuantos párrafos detalla el propósito de la creación, el derecho a ello de la humanidad y el papel de Israel para lograrlo. Estas son sus palabras, "¿Por qué se entregó la Torá a la nación israelí sin la participación de todas las naciones del mundo? En verdad, el propósito de la creación se aplica a toda la raza humana, sin excluir a nadie. Sin embargo, debido a lo indigno de la naturaleza de la creación (por su egolatría) y su poder sobre las personas, era imposible que la gente entendiera, determinara, y estuviera de acuerdo en elevarse por encima de ella. Ellos no mostraron el deseo de renunciar al amor propio y pasar a la equivalencia de forma, que es la adhesión a Sus atributos, como dijeron nuestros sabios, 'Así como Él es misericordioso, sean también ustedes misericordiosos'.

Por consiguiente, debido a su mérito ancestral (los ejemplos dados por Abraham, Isaac y Jacob), Israel pudo... y se calificó, y se juzgó a sí mismo, a una escala de mérito (se corrigieron para llegar a ser como el Creador). Todos y cada uno de los miembros de la nación estuvieron de acuerdo en amar a su prójimo (que es como alcanzaron la corrección).

...Sin embargo la nación israelí debiera ser una 'transición', es decir que en la medida que Israel se purifique observando la Torá, (las leyes de otorgamiento) pasan su poder al resto de las naciones. Y cuando el resto de las naciones también se juzguen a sí mismas a una escala de mérito (corrigiéndose y renunciando al egocentrismo), el Mesías (la corrección final) se revelará. Esto es porque el rol del Mesías no es tan solo calificar a

Israel a la meta máxima de adhesión con Él, sino mostrar los caminos de Dios (el otorgamiento) a todas las naciones, como está escrito, "Confluirán a Él todas las naciones" (Isaías 2:2)".[123]

5

Parias

A través de la historia, nunca, ninguna nación ha sido más perseguida que el pueblo judío. Y sin embargo, tal como muestra la historia, ninguna nación ha sobrevivido a toda persecución y ha surgido cada vez más fuerte.

La aparente indestructibilidad de los judíos ha suscitado un buen número de preguntas, aunque más entre los no judíos que entre los judíos, ya que los judíos estaban muy preocupados sobreviviendo. El célebre autor alemán, Johann Wolfgang von Goethe expresó su perplejidad sobre la tenacidad de los judíos en su libro, *Los años de aprendizaje de Wilhelm Meister* (*Wilhelm Meisters Lehrjahre*): "Cada judío, sin importar cuán insignificante sea, está comprometido en la decisiva e inmediata búsqueda de una meta... Es el pueblo más eterno sobre la tierra".[124]

Al igual que Goethe, el profesor de Cambridge, T.R. Glover, resalta el enigma de la existencia de los judíos en *El Mundo de la Antigüedad, (The Ancient World)*, "Ningún pueblo en la antigüedad tuvo una historia tan peculiar como los judíos... La historia de ningún pueblo de la antigüedad es tan valiosa; si tan solo pudiéramos recuperarla y entenderla... Todavía más extraña es la antigua religión de los judíos que sobrevive cuando todas las religiones de las antiguas razas pre-cristianas han desaparecido... La gran cuestión no es, ¿qué sucedió?, sino más bien ¿por qué sucedió?, ¿por qué el judaísmo todavía está vivo?".[125]

Asimismo, Ernest van den Haag, Profesor de Jurisprudencia y Políticas públicas en la Universidad Fordham escribió, "En un mundo en donde los judíos son tan solo un minúsculo porcentaje de la población, ¿cuál será el secreto de la desproporcionada importancia que los judíos han tenido en la historia de la cultura occidental?"[126]

El matemático francés, físico, inventor y filósofo, Blaise Pascal estaba fascinado con la antigüedad del pueblo judío. En su libro, *Pensamientos, (Pensées)* escribió, "La eminencia de este pueblo no es tan solo por su antigüedad, sino que son singulares por su duración, que continúa desde sus orígenes hasta el día de hoy. Pues mientras las naciones de Grecia e Italia, de Esparta, Atenas y Roma y otras que se sucedieron después, hace ya tiempo perecieron, éstos prevalecen, y a pesar de los empeños de muchos reyes poderosos quienes cientos de veces han intentado destruirlos... ellos, no obstante, han sido preservados".[127]

En efecto, como incontables individuos reconocidos a través de las épocas han apuntado, los judíos no pueden ser aniquilados. Los judíos tienen una misión que cumplir y hasta que no lo hagan, la Naturaleza, Dios, el Creador, *Yahveh,* o como quiera que se le nombre a Él, no permitirá que eso suceda. Y sin embargo, todo el tiempo que los judíos continúen evitando asumir la tarea a la que fueron destinados, en verdad, serán, como lo han sido, y lo son, torturados y masacrados hasta casi extinguirlos. Para desenterrar las raíces de la Vía Dolorosa judía a través de la historia, necesitamos viajar en el tiempo hasta el comienzo de la creación.

En el Capítulo 2, apuntamos que el Creador no tenía sino un solo deseo: hacer el bien a Sus creaciones, es decir a la humanidad. Pero como en realidad no lo percibimos, no podemos recibir de Él.

Cuando queremos dar un regalo a un amigo, nos acercamos a él y se lo entregamos. Debe existir un contacto entre el que da y el que recibe. De igual forma, para que Él nos dé, el Creador y la creación deben conectarse. Y cuando ocurra la conexión, como diría Baal HaSulam, "Uno siente la sublime gracia contenida en el Pensamiento de la Creación, que es deleitar a sus creaturas con Su mano colmada, buena y generosa. A causa de la abundancia de la gracia que se alcanza, aparece un amor maravilloso entre la persona y el Creador, que se derrama sin cesar sobre la persona, a través las mismas vías y canales por los que el amor natural aparece. Sin embargo, todo esto sucede a la persona a partir del momento en que ésta alcanza, en adelante".[128]

Lo anterior, como mencionamos en el Capítulo 2, despierta la necesidad de tener equivalencia de forma, esto es, ser como el Creador, poseer la cualidad de dar. Lamentablemente, la gran mayoría de nosotros no lo desea; con vehemencia al individuo le irrita dar a menos que obtenga una ganancia subyacente, un motivo ulterior para hacerlo. RASHI, el gran comentarista de la Biblia, escribió que el versículo, "La inclinación del corazón humano es mala desde su niñez" (Génesis 8:21), quiere decir que "Tan pronto uno es expulsado del útero materno, (el Creador) planta en él la inclinación al mal", que como dijimos en el Capítulo 2 es la egolatría, el deseo de recibir para uno mismo.

Por consiguiente, considerando que el Creador es bondadoso y que nosotros somos lo opuesto, el choque entre hombre y Dios parece inevitable. ¿Cómo podríamos alguna vez alcanzarlo si Él nos ha hecho intrínsecamente opuestos a Él? El remedio a la egolatría radica en lo que describimos antes como "el punto en el corazón". Esa sed por comprender el significado de la vida, y lo que hace girar al mundo (que obviamente no es el dinero); es la añoranza que permitió a Adán, a Abraham y a su progenie, a Moisés y a toda la nación que emergió de los parias de Babilonia, desarrollar un método de corrección que convierte la inclinación al mal en bien.

Símbolos del choque interior

Se podría cuestionar si la Biblia -o el Antiguo Testamento- es un documento genuino de hechos históricos, o no. Pero a los grandes sabios de Israel, a través de los siglos, no les preocupaba la relevancia histórica de la Biblia. Más bien, la percibían como una alegoría que describe procesos espirituales interiores que se experimentan a lo largo del camino de corrección. Para ellos, Nimrod, rey de Babilonia, representa *Meridá* (en hebreo, rebelión), el desafío a la cualidad de otorgamiento, el Creador; el Faraón personifica el epítome de la inclinación al mal, al igual que Hamán, aunque en una etapa posterior del desarrollo espiritual de una persona.

Es debido a ello que RASHI interpeta el *Talmud Babilónico* como sigue, "Su nombre fue Nimrod, pues él *himrid* (incitó) al mundo entero en contra del Señor".[129]

Con respecto al Faraón, Maimónides explica afectuosamente, "Debes saber, hijo mío, que Faraón, rey de Egipto, es de hecho la inclinación al mal".[130] De igual forma, Elimelej de Lizhensk, autor de Noam Elimelej (*La amabilidad de Elimelej*), escribió sencillamente, "... Faraón, quien es llamado 'la inclinación al mal'".[131]

Rabí Jacob Joseph Katz agregó profundidad a la distinción referente al Faraón. Explicó que las palabras, "Cuando Faraón dejó salir al pueblo" (Éxodo 13:17) designan una etapa del desarrollo espiritual del individuo, cuando esa persona se libera de los grilletes pesados de la inclinación al mal. En sus palabras, "'Cuando Faraón dejó salir al pueblo' – cuando los órganos de uno salen de la autoridad de la inclinación al mal, como sucedió durante el éxodo de Egipto, salen por las cuarenta y nueve puertas de *Tuma'a* (la impureza, la egolatría) hacia la santidad (el otorgamiento)".[132]

Dentro del mismo libro, Rabí Katz agrega sus percepciones con respecto a Hamán: "La instrucción de Hamán de hacer galeras de cincuenta codos de alto es el consejo de la inclinación al mal".[133] Asimismo, Rabí Jonathan Eibshitz escribe en su libro *Yaarot Devash [Panales]* sobre, "Hamán, quien es la inclinación al mal...".[134]

A últimas fechas, los cabalistas y los eruditos judíos comenzaron a sentir que el tiempo apremiaba y que se aproximaba la Edad de la Corrección. En sus palabras, empezaron a agregar llamados, en ocasiones implícitos, en ocasión explícitos, para actuar. De esta forma, Rabí Yehuda Ashlag presintiendo que la aplicación del método de corrección era urgente, realizó un enlace directo entre superar la inclinación al mal y la forma en que debe lograrse hoy, por medio de la unidad. En un ensayo titulado, *Hay un cierto pueblo,* Baal HaSulam nos dice, "'Hay un cierto pueblo esparcido en el extranjero y disperso entre los pueblos'. Hamán dijo que, en su opinión, nosotros (el pueblo de Hamán) lograremos destruir a los judíos porque ellos están separados entre sí, y por ende, nuestra fortaleza en contra de ellos ciertamente prevalecerá debido a que esto (la separación entre ellos) provoca separación entre el hombre y Dios".[135] Esto es, el egoísmo de los judíos los separa de la cualidad de otorgamiento, el Creador, y la fortaleza del ego, la inclinación al mal "ciertamente prevalecerá". "Es debido a esto", continúa Baal HaSulam, "que Mordejai fue a corregir el daño, como se explica en el versículo, 'Los judíos se congregaron....' para estar juntos, para solidarizarse por sus vidas. Esto quiere decir que se salvaron porque se unieron".[136]

Por lo tanto podemos concluir que si Nimrod, Faraón, Balak, Balaam, o Hamán en realidad existieron o no, esto no tiene la menor importancia. Lo que sí es importante es que las características de estos personajes existen dentro de nosotros y la Biblia alegóricamente narra las etapas mediante las cuales podemos vencerlas.

Cuando prevalecemos sobre estas cualidades de egolatría, somos recompensados con la redención: la cualidad de otorgamiento, la equivalencia de forma con el Creador. Y debido a que el Creador quiere hacernos el bien, cuando hayamos corregido estos rasgos dentro de nosotros, no nos perseguirán más, ya que habremos sido redimidos de la egolatría y habremos adquirido Su cualidad de otorgamiento.

Si cualquiera de estos ejemplos de egoísmo se manifestara hoy en día, ciertamente los catalogaríamos como de antisemitismo de la peor ralea. Respecto a esto Rabí Kuk hizo esta amenazante (pero verdadera) predicción mientras trazaba un lazo directo entre los modernos antisemitas y los de la era bíblica. En una afirmación poco ortodoxa escribe, "Amalek, Petlura [líder ucraniano sospechado de antisemitismo], Hitler, y demás, despiertan para la redención. El que no oiga la voz del primer *Shofar* (el símbolo del llamado a la redención), o la voz del segundo... porque sus oídos están cerrados, escuchará la voz del *Shofar* impuro, el que es fétido (no *kosher*). Lo oirá en contra de su voluntad".[137]

Dos caminos; uno dichoso, uno doloroso

El estado de completa redención -la humanidad entera que alcanza al Creador- es obligatorio. Baal HaSulam dice que existen dos caminos para lograrlo: el camino de la Torá, cuando voluntariamente adoptamos la ley de otorgamiento como nuestro modo de vida, o el camino del sufrimiento, en el que la realidad nos obliga de todas formas a adoptar la Ley del Otorgamiento como nuestro modo de vida.[138]

Tan imperativas como las palabras de estos dos sabios contemporáneos nos puedan parecer, tienen un fundamento sólido. El Talmud escribe, "Rabí Eliezer dice, 'Si Israel se arrepiente, son redimidos. Si no, no son redimidos'. Rabí Yehoshua le dijo, 'Si no se arrepienten, no son redimidos, pero el Señor les impondrá un rey cuyos decretos son tan severos como los de Hamán, Israel se arrepentirá y Él los reformará'".[139]

Incluso el trascendente acontecimiento al pie del Monte Sinaí, cuando recibimos la Torá colectivamente con una presentación audio visual espectacular, aparentemente no fue tan alegre y festiva como ha sido descrita. El *Talmud* dice que las circunstancias eran tales que no había gran cosa que se pudiera hacer sino recibirla. En la terminología de hoy en día, diríamos que el Creador nos hizo un ofrecimiento que no podíamos rechazar: "Está escrito, 'Y estaban al pié del monte'. Rabí Dimi Bar Hama dice que esto significa que el Señor había colocado el monte sobre Israel como una bóveda y les dijo, 'Si aceptan la Torá (la ley del otorgamiento) muy bien, pero si no, este será el lugar de su sepultura'".[140]

Ciertamente, nadie ha dicho que sea fácil poseer la primogenitura. Pero los judíos, los descendientes del clan de Abraham, son justamente eso. Ellos fueron los primeros en aprehender el propósito de la Creación, por consiguiente naturalmente a ellos les toca encabezar el camino para guiar al resto de la humanidad. En tanto evitemos llevarlo a cabo, encontraremos el rechazo de todas las naciones.

Los médicos mundiales

Imagine que ha descubierto una serie de ejercicios que curan el cáncer y previenen su reincidencia. Imagine que lo ha comunicado al mundo, como hizo Abraham en Babilonia pero fue rechazado porque los ejercicios son monótonos y cansadores y en realidad nadie se sentía mal.

Ahora imagine que años más tarde, miles de millones de personas alrededor del planeta sufren de cáncer. Vagamente recuerdan que usted dijo tener la cura y en su desesperación lo buscan, rogándole que les salve la vida. Pero usted ya lo ha olvidado todo. Sabe que la cura existe, sabe que muchos dijeron que era un remedio poderoso (*Segulá*) pero como usted se siente fuerte y sano, no ve por qué debe recordar todos esos ejercicios, mucho menos enseñarlos a miles de millones de personas. ¿Puede imaginar lo que sentiría el mundo por usted, lo que pensaría la gente y lo que harían?

Así es justamente como nos hallamos los judíos en relación al mundo. El mundo empieza a sentirse mal y las personas empiezan a buscar la salida a su difícil situación. Ellos saben que nosotros somos el pueblo elegido y los destinados a traer la redención. Las personas podrán no saber que la redención implica cambiar su naturaleza al otorgamiento, pero sí saben que la redención es indispensable.

Versículos como estos extraídos del Nuevo Testamento, "Ustedes adoran lo que no conocen; nosotros adoramos lo que conocemos pues la salvación vendrá de los judíos",[141] y "¿Qué ventaja tiene el judío... grande en todo. Primero, a ellos se les confiaron los profetas de Dios",[142] son tan solo dos de innumerables menciones de la posición única y el papel de los judíos, escritos en los textos cristianos. Cuando no llevamos a cabo nuestra misión, sin advertirlo, atraemos hacia nosotros el odio y el rencor, que se traducen en lo que ahora conocemos como el antisemitismo.

Que somos diferentes y únicos ha sido documentado por la historia, en las páginas de nuestras escrituras, en las de la cristiandad y el Islam, y en los escritos de miles de eruditos y estadistas. A continuación unas cuantas de las numerosas declaraciones de conocidos personajes que expresan su opinión de la singularidad de los judíos:

Sir Winston Churchill, Primer Ministro del Reino Unido durante la Segunda Guerra Mundial: "Algunas personas simpatizan con los judíos y algunas no. Pero ningún hombre sensato puede negar el hecho de que son, sin lugar a dudas, la raza más formidable y más notable que ha aparecido en el mundo".[143]

Lyman Abbott, congregacionalista norteamericano, teólogo, editor y autor: "Cuando alguna vez nuestros prejuicios poco cristianos se inflamen en contra del pueblo judío, recordemos que todo lo que tenemos y todo lo que somos, se lo debemos, bajo Dios, a lo que el judaísmo nos ha dado".[144]

Huston Smith, profesor de estudios religiosos en Estados Unidos, autor de *Religiones del Mundo,* que vendió más de dos millones de copias: "Hay un punto notable que persiste en la historia judía en su conjunto. La civilización occidental nació en el Medio Oriente, y los judíos estaban en esta encrucijada. En el apogeo de Roma, los judíos estaban cerca del centro del imperio. Cuando el poder se mudó hacia el este, el centro judío estaba en Babilonia; cuando pasó a España, ahí estaban de nuevo los judíos. Durante la Edad Media, el centro de la civilización se estableció en Europa Central y los judíos estaban esperando en Alemania y Polonia. El ascenso de Estados Unidos, como primera potencia mundial, encontró a los judíos concentrados allí. Y hoy en día, cuando el péndulo parece balancearse de regreso al Viejo Mundo, y el Oriente asume una importancia renovada, de nuevo allí están los judíos en Israel".[145]

León Tolstoi, el novelista ruso, autor de Anna Karenina: "¿Qué es un judío?... Qué clase de creatura única es esta a quien los gobernantes de las naciones del mundo han deshonrado, aplastado, expulsado y destruido, perseguido, quemado, ahogado, y quien a pesar de su furia y su ira, continúa viviendo y prosperando. ¿Qué es este judío que nunca han logrado tentar con todas las tentaciones del mundo, cuyos opresores y perseguidores han solo sugerido que reniegue (y repudie) su religión y haga a un lado la lealtad a sus ancestros?

El judío es un símbolo de eternidad... Él es quien por tanto tiempo ha resguardado el mensaje profético y lo ha transmitido a toda la humanidad. Un pueblo como este no puede desaparecer nunca. El judío es eterno. Él es el la personificación de la eternidad".[146]

Ciertamente somos el símbolo de la eternidad, como Tolstoi lo decía, porque la cualidad del Creador de benevolencia está en nuestros "genes espirituales". Y sin embargo no hallaremos la paz, hasta que, como en el ejemplo del cáncer y los ejercicios de curación, conscientemente nos elevemos al nivel espiritual y después de inmediato elevemos a toda la humanidad.

Como ha sido expuesto y citado antes, ahora es el momento de la corrección general. En esta época, los acontecimientos se vuelven inclusivos, globales. Tal fue el caso de la Primera Guerra Mundial y aún más de la Segunda Guerra Mundial, cuyas atrocidades están incrustadas en la memoria colectiva para recordarnos quiénes somos, y lo que debemos lograr.

Para evitar tales cataclismos en el futuro, necesitamos mirar de cerca algunas sugerencias y afirmaciones que se hicieron antes y después del Holocausto. El siguiente capítulo resaltará estas afirmaciones y su pertinencia en nuestras vidas de hoy. Una vez que tomemos conocimiento de lo que se ha dicho, podremos apreciar lo que necesitamos hacer para ayudarnos y ayudar al mundo.

6

Reemplazable

En el Capítulo 1, dijimos que Abraham descubrió que la egolatría inherente de la naturaleza humana tiene una constante tendencia a expandirse. El método que él creó no tenía el propósito de refrenar esa egolatría pues sabía que esto era imposible, ya que el hombre fue creado para recibir ilimitadamente. Su única pregunta, por consiguiente, era cómo recibir la abundancia prevista. Abraham descubrió un método mediante el cual las personas que lo estudiaban y procuraban la unión entre ellas, lograban elevarse a un nuevo nivel de percepción. Así, adquirían la naturaleza del Creador -la benevolencia- y podían por ende recibir placer ilimitado, sin volverse demasiado indulgentes y peligrosas tanto para sí mismas como para el medio ambiente.

El éxodo de Egipto y la creación de la nación de Israel marcaron una etapa de cinco siglos de formación. Durante ese tiempo, Israel pasó de ser un grupo de familiares y discípulos a convertirse en una nación entera cuya meta era alcanzar al Creador.

Mientras trabajaban para elevarse al nivel espiritual más alto, los hebreos nunca dieron marcha atrás con su intención original de ofrecer sus percepciones a toda la humanidad. Esta sería su contribución a las naciones, la "luz" que ellos estaban destinados a entregarles. A través de las generaciones ese regalo de "luz" es lo que las naciones han intentado recibir de los judíos, y sentir que no la tienen, ha sido la causa de todas las aflicciones de las naciones.

En el prólogo de su libro, *Una Historia de los judíos*, el novelista e historiador cristiano, Paul Johnson, con gran elocuencia describe las interrogantes que llevaron a Abraham a sus descubrimientos, las mismas preguntas que impulsan a la humanidad hoy en día. Johnson expone su admiración por la habilidad de los judíos para descubrir las respuestas a esas preguntas, vivir en congruencia con esas leyes, y sus esfuerzos por enseñarlas a los demás. En otras palabras, "El libro me dio la oportunidad de reconsiderar objetivamente, a la luz de una investigación que cubrió casi cuatro mil años, la más insoluble de todas las preguntas humanas: ¿Por qué estamos en la tierra? ¿Es la historia solo una serie de eventos cuya finalidad no tiene sentido? ¿No existe una diferencia fundamental entre la historia de los seres humanos y la de -digamos- las hormigas? ¿O existe un plan providencial en el que nosotros no somos humildemente sino simples instrumentos? Ningún pueblo, como los judíos, ha insistido tanto y con tanta firmeza que la historia tiene un propósito y la humanidad un destino. En las etapas tempranas de su existencia colectiva ellos creyeron que habían detectado un proyecto divino para la raza humana, del cual su propia sociedad no era sino un programa piloto. Ellos trabajaron investigando su papel con inmensa minuciosidad. Se aferraron a ello con persistencia heroica frente a salvajes sufrimientos. Muchos de ellos todavía lo creen. Otros lo transmutaron a empeños prometeicos para mejorar nuestra condición con medios puramente humanos. La visión judía se convirtió en el prototipo para crear muchos otros grandes proyectos similares para la humanidad, tanto divinos como humanos. Los judíos, por lo tanto, se hallan justo en el centro de la tentativa eterna por dar a la vida humana la dignidad de tener un propósito".[147]

Escritos en la pared

Y sin embargo a principios del Siglo 20, los judíos se habían alejado tanto de su vocación predestinada que, en términos generales, se encontraban en extremo preocupados con el cumplimiento meticuloso de los mandamientos prácticos, obviando y eludiendo su sentido interior, o totalmente absorbidos en deseos mundanales, materiales, olvidando o rechazando su irrevocable predestinación. En esa época en que la egolatría había subido a niveles que amenazaban la paz mundial, ningún camino era aconsejable y algunos de los grandes líderes espirituales de la nación empezaron a advertir que el tiempo apremiaba, que teníamos que reconocer nuestra misión y llevarla a cabo antes de que se presentaran las calamidades.

El gran erudito humanista y cabalista, Rabí Abraham Yitzhak HaCohen Kuk, desesperadamente, trató de alertar a los judíos que el antisemitismo estaba creciendo. Él les previno que en ningún país estarían a salvo y que Israel era la única opción segura. En retrospectiva, el contenido de su premonición es alarmante, dejándonos vislumbrar la profundidad de la claridad de visión de este pueblo.

El tratado en el que ruega a los judíos que regresen a Israel fue denominado, *El gran llamado a la Tierra de Israel*. Observen no solo su súplica, sino también la advertencia respecto al posible futuro que aguardaba a los judíos en sus tierras natales. "Vengan a la tierra de Israel, queridos hermanos, vengan a la tierra de Israel. Salven sus almas, las almas de sus generaciones y el alma de la nación entera. Sálvenla de la desolación y el olvido; sálvenla de la decadencia y la degradación; sálvenla de la impureza e iniquidad, de cualquier dificultad y apuro que podrían abatirse sobre los países de las naciones sin excepción.

"'¡Vengan a la tierra de Israel'! Los convocamos con voz sonora y terrible, como el sonido del trueno, una voz fuerte, una voz que llama la tormenta, hace cimbrarse al cielo y a la tierra, una voz que despedaza toda muralla en el corazón. Corran por sus vidas y vengan a la tierra de Israel. La voz del Señor nos llama, Su mano está extendida, Su espíritu mora en nuestros corazones y Él nos reúne, nos alienta y nos obliga a llamar con una voz terrible y poderosa: 'Hermanos nuestros, hijos de Israel, queridos y amados hermanos, vengan a la tierra de Israel. Reúnanse uno a uno, no esperen palabras formales y órdenes; no esperen permisos de personajes. Hagan lo que puedan, huyan y júntense, vengan a la tierra de Israel. Preparen el camino para nuestra amada y oprimida nación. Muéstrenle que su camino está totalmente pavimentado y se extiende ante ella. No debe descansar, no tiene nada que exigir; no tiene muchos caminos y rutas. Hay un camino ante ella, y es por el que andará, es por el que debe andar, específicamente hacia la tierra de Israel'".[148]

Rabí Kuk no estaba solo en su preocupación. En Polonia, un joven y brillante *dayan* (juez ortodoxo) en Varsovia -en la época de las más prominente comunidad judía en Europa- Rabí Yehuda Ashlag, quien más tarde se convirtió en un reconocido comentarista del *Libro del Zóhar*, no se conformó con anunciar públicamente que los judíos debían huir de Europa. Se las arregló para comprar 300 cabañas de madera a Suecia y un lugar para instalarlas en la Tierra de Israel (que entonces tenía el nombre de Palestina).

Desgraciadamente, su plan fue frustrado por la oposición, los líderes de la congregación judía en Polonia. La trágica consecuencia del fracaso de Ashlag por llevar con él a sus compañeros judíos fue que de todos los judíos que pensaban venir con Ashlag, solo Ashlag y su familia finalmente emigraron. El resto de las familias permanecieron en Polonia y perecieron en el Holocausto.[149]

Rabí Kuk y Rabí Ashlag (Baal HaSulam) manifestaron cómo percibían la llegada del nazismo al poder, y particularmente Hitler. Tengan en cuenta que Rabí Kuk murió en 1935, cuatro años antes del estallido de la Segunda Guerra Mundial. A continuación las palabras editadas de Rabí Kuk, para hacerlas más amigables al lector, debido a la extensión del texto y su estilo anacrónico, seguido de unas palabras de Baal HaSulam.

"El profeta predijo sobre un gran *Shofar* de redención (El *Shofar* es un cuerno de carnero empleado para hacerlo sonar durante las festividades, pero también un clarín). Rogamos específicamente que se haga resonar un gran *Shofar*. Hay varios grados en un *Shofar* de redención: un gran *Shofar*, un *Shofar* medio y un *Shofar* pequeño. El *Shofar* del Mesías es considerado el *Shofar* de *Rosh Hashana* (Nuevo Año judío). La *Halaja* (la ley judía) distingue entre tres grados en el *Shofar* de *Rosh Hashana*: 1) *Un Shofar* de *Rosh Hashana* que se fabrica con el cuerno de un carnero. 2) En retrospectiva, todos los *Shofar* son *kosher*. 3) Un *Shofar* de una bestia impura, así como un *Shofar* de bestias de idolatría, de un gentil no *kosher*. Sin embargo, si alguien ha soplado este *Shofar*, ha cumplido con su deber.

Está permitido soplar cualquier *Shofar*, *kosher* o no, mientras que uno no bendiga con él, y los grados explicados en la ley del *Shofar* de *Rosh Hashana* coinciden con los grados del *Shofar* de redención.

Sin embargo, ¿qué es un *Shofar* de redención? Con el término "El Shofar del Mesías" nos referimos al despertar y empuje que provoca la resucitación y redención del pueblo de Israel. Es este despertar que reúne a los que se habían perdido y a los rechazados para llevarlos al monte de santidad en Jerusalén.

A través de las generaciones, existieron personas en Israel que sintieron el despertar que brota del deseo de hacer la voluntad de Dios, que es la redención completa de Israel (traer a todo Israel a la cualidad de otorgamiento). Este es el *Shofar* puro y grande, el deseo de las personas de ser redimidas.

Algunas veces el deseo va desapareciendo y el celo por las sublimes nociones de santidad no es tan ferviente. Sin embargo, permanece la naturaleza humana saludable y desencadena en la nación un sencillo deseo de establecer su regla en su tierra. Ese deseo natural es el *Shofar* ordinario, mediano, que está presente en todas partes. Ese también es también un *Shofar kosher*.

Sin embargo, existe un tercer grado en el *Shofar* del Mesías, que no es comparable de ninguna forma al *Shofar* de *Rosh Hashana*: es el *Shofar* pequeño, no *kosher*, que se sopla solo si un *Shofar kosher* no está disponible.

Por lo tanto, si el celo por la santidad y la añoranza por la redención que se deriva de ello, se han desvanecido totalmente, y si el deseo nacional natural de tener una vida nacional ha disminuido también, y no se encuentra un *Shofar kosher* que soplar, los enemigos de Israel vienen y lo soplan en nuestros oídos para nuestra redención. Nos fuerzan a escuchar la voz del *Shofar*; nos advierten y escandalizan nuestros oídos y no nos dan reposo en el exilio.

Por lo tanto, el *Shofar* de una bestia impura se convierte en el *Shofar* del Mesías. Amalek, Petlura (líder ucraniano sospechado de antisemitismo), Hitler y otros, despiertan para la redención. El que no oyó la voz del primer *Shofar*, o la voz del segundo... pues sus oídos estaban cerrados, escuchará la voz del *Shofar* impuro, el impío, no *kosher*. Lo oirá contra su voluntad.... Si bien existe una redención en ese látigo también, en la aflicción de los judíos, no se debe bendecir con este *Shofar*".[150]

Baal HaSulam también se refirió varias veces al nazismo, incluso señalando cómo pensaba que se podía derrocar. En sus palabras, "Es imposible derrotar al nazismo como no sea a través de la religión del altruismo".[151] Cabe resaltar que cuando Baal HaSulam habla de "religión del altruismo" no se refiere a que deberíamos realizar rituales u observar ciertas conductas en particular, más bien, con "religión del altruismo" se refiere a que la persona tiene que cambiar su propia naturaleza por la del altruismo. Al mismo tiempo la persona elegirá si quiere o no conservar sus denominaciones formales, independientemente de esta transformación.

Baal HaSulam también cuestiona la noción de que la Alemania nazi haya sido un evento aislado en la historia. Pudo haber sido el primero, pero él creía que a menos que no hiciéramos nuestro deber, no sería el último. En sus palabras, "Resulta que las personas erróneamente creen que el nazismo es solo un vástago de Alemania... todas las naciones son iguales en ese sentido y es totalmente ilusorio esperar que los nazis perecerán con la victoria de los aliados, pues mañana los anglo-sajones abrazarán el nazismo...".[152]

En vista del repunte del antisemitismo a nivel mundial, sería muy prudente considerar las palabras de estos hombres sabios. Después de todo, podemos evidentemente ver que el antisemitismo no ha desaparecido, como tampoco lo ha hecho el nazismo o el llamado para exterminar a los judíos.

Lo que ellos necesitan y lo que damos

Según las apariencias, se podría pensar que el mundo es ingrato con las contribuciones que los judíos han hecho a la humanidad en materia de ciencias, educación, economía, sociología, psicología, y virtualmente en todo terreno de la vida. Sin embargo, esta manifiesta ingratitud debería servir como un indicativo de que lo que les damos no es precisamente lo que ellos necesitan de nosotros.

De hecho, las personas sí reconocen la singularidad del pueblo judío, pero somos nosotros que empleamos erróneamente esa singularidad dando lo que queremos dar, en lugar de dar lo que ellos quieren recibir.

Para entender mejor lo que el mundo precisa de nosotros, debemos leer uno de los más agudos y condenatorios documentos escritos acerca de los judíos. Un gran ejemplo de un documento de esta índole es el abominable libro de Henry Ford (fundador de Ford Motor Company), *The International Jew - The World's Foremost Problem.* (*El judío internacional - el principal problema del mundo).* Si bien hace generalizaciones ofensivas, el libro a menudo establece puntos que vale la pena considerar. Para lograrlo, sin embargo, debemos hacer a un lado los agravios y examinar verdaderamente los argumentos de Ford (los énfasis en itálicas son del editor); "Todo judío debería saber que en cada iglesia cristiana en donde se reciben y estudian las antiguas profecías, se ha despertado un gran interés en el futuro del Pueblo de la Antigüedad. No se ha olvidado que se les hicieron ciertas promesas con respecto a su posición en el mundo, y se ha sostenido que estas profecías serán cumplidas. *El futuro del judío... está íntimamente ligado al futuro de este planeta* y la iglesia cristiana en gran medida... contempla el advenimiento de un Restablecimiento del Pueblo Elegido. Si la mayoría de los judíos supiera con cuanta compresión y simpatía se estudian en la Iglesia todas las profecías con respecto a ellos y la fe que existe en que esas profecías encuentran su cumplimiento y que ellos serán el gran servicio judío a la sociedad en general, probablemente ellos considerarían a la Iglesia con otra actitud".[153]

Antes, escribe Ford en su libro, "Todo el propósito profético en relación a Israel parece haber sido la ilustración moral del mundo por su mediación".[154] Y en otro lugar agrega, "La sociedad tiene una importante reclamación en contra (del judío) de que él... empiece a cumplir (lo que) en cierto sentido, su exclusivismo no le ha permitido cumplir: la antigua profecía de que a través de él todas las naciones de la tierra deberían ser bendecidas".[155]

John Adams, Segundo Presidente de Estados Unidos, también comentó sobre lo que él creía que los judíos habían dado al mundo. En sus palabras, "Los hebreos han hecho más para civilizar al hombre que cualquier otra nación. De ser ateo, y si creyera en el ciego y eterno destino, aún así creería que el destino le ha ordenado a los judíos ser el instrumento esencial para civilizar a las naciones. De ser un ateo de la otra secta, que cree, o pretende creer, que todo es producto de la casualidad, creería que la casualidad ha ordenado a los judíos a preservar y propagar a toda la humanidad la doctrina de un soberano supremo, inteligente, sabio, todopoderoso del universo, que creo es el gran principio esencial de toda moralidad y en consecuencia de la civilización".[156]

Samuel Langhorne Clemens, mejor conocido por su seudónimo, Mark Twain, reconoce la distinción judía en todas las esferas del compromiso humano, pero él también termina meditando sobre la fuente de la preeminencia: "...Si las estadísticas son correctas, los judíos constituyen tan solo el uno por ciento de la raza humana. La sugerencia de un nebuloso y sombrío soplo de polvo de estrellas perdido en el resplandor de la Vía Láctea. Propiamente, del judío ni debería escucharse, pero se escucha de él, siempre se ha escuchado de él. Es tan prominente en el planeta como cualquier otro pueblo, y su importancia comercial es extravagantemente fuera de proporción a lo reducido de su masa. Sus contribuciones a la lista mundial de grandes nombres en materia de literatura, ciencia, arte, música, finanzas, medicina y aprendizaje impenetrable, también se encuentra fuera de toda proporción a la desventaja de su número. Él ha dado una maravillosa batalla en este mundo, en todas las edades; y lo ha hecho con las manos atadas a sus espaldas. Podría envanecerse de sí mismo y ser perdonado por ello.

El egipcio, el babilonio y el persa ascendieron, llenaron el planeta con estruendo y esplendor, luego se desvanecieron en un sueño y desaparecieron; el griego y el romano les siguieron con gran estrépito y después se fueron. Otros pueblos han surgido y han sostenido su antorcha por algún tiempo, pero se consumió y ahora se sientan en la penumbra, o se han esfumado. El judío los miró a todos, los derrotó a todos, y es ahora lo que siempre ha sido, sin mostrar decadencia, ni enfermedades de vejez, sin debilidad en sus partes, ni reducción de su energía, sin mella a su mente alerta y agresiva. Todas las cosas son mortales, salvo el judío; todas las otras fuerzas pasan, pero él permanece. ¿Cuál es el secreto de su inmortalidad?".[157]

Y finalmente existen aquellos que no solo reconocen que los judíos son especiales en el sentido espiritual, más que en el corporal, sino hasta incluso destacan la esencia de esa espiritualidad: la unidad. Tal fue el caso del Primer Ministro del Reino Unido durante la Segunda Guerra Mundial, Sir Winston Churchill. En *Churchill and the Jews* (*Churchill y los judíos*), el autor Martin Gilbert cita a Churchill: "Los judíos eran una comunidad afortunada porque tenían este espíritu corporativo, el espíritu de su raza y de su fe. (Churchill) no iba a... pedirles que emplearan ese espíritu en cualquier sentido estrecho o exclusivista, aislarse de los demás... alejados de su disposición e intención, lejos de los consejos que les dieron aquellos más autorizados a aconsejar. Ese poder personal y particular que ellos poseían les permitía infundir vitalidad a sus instituciones, que nada más podían dar. (Churchill sinceramente creía que) Un judío no puede ser un buen inglés a menos que no sea un buen judío".[158]

Por lo tanto podemos ver que las naciones no quieren de los judíos su excelencia en la ciencia, las finanzas o en cualquier otra de las áreas que se han mencionado antes. Lo que el mundo requiere de nosotros es la espiritualidad, es decir, la capacidad de conectarse al Creador. Esta es la única cosa que hemos poseído, que ninguna otra nación tiene, ha tenido, puede tener o está destinada a poseer a menos que nosotros la reavivemos dentro de nosotros y la pasemos como luz para las naciones. En tanto nos frenemos para llevar a cabo esta misión, las naciones nos considerarán en términos generales como prescindibles, si no es que categóricamente nocivos, y ciertamente como Ford afirmaba "El problema principal del mundo".

Por favor

Para demostrar lo prescindibles que puede pensar el mundo que somos, consideren los siguientes hechos: En 1938, Adolf Hitler estaba dispuesto a enviar a los judíos alemanes y austríacos a quien quisiera recibirlos. Nadie quiso. Hitler declaró que él podía "solo esperar y suponer que el otro mundo, que tiene tal simpatía por estos criminales (judíos) al fin será generoso para convertir esta simpatía en ayuda práctica. Nosotros (la Alemania nazi) por nuestra parte, estamos dispuestos a poner a estos criminales a disposición de estos países, en lo que a mí respecta, en barcos de lujo".[159]

Y sin embargo, las naciones unánimemente declinaron aceptar a los judíos. En julio de 1938, los representantes de casi todos los países del mundo libre se reunieron en Évian-les-Bains, una estación de descanso en las costas del sur de prístino, Lago Ginebra en Francia. Su propósito era discutir y encontrar una solución al "problema judío" refiriéndose a los judíos que quisieran huir de Alemania y Austria antes de que fuera demasiado tarde. Los judíos alemanes y austríacos tenían puestas sus esperanzas en esta conferencia. Creyeron que los países participantes verdaderamente buscarían ayudarles y ofrecerles un refugio seguro. Su desilusión fue muy amarga.

Si bien los delegados de la conferencia expresaron su empatía por la difícil situación que sufrían los judíos bajo el régimen nazi, no se comprometieron y no ofrecieron soluciones. En lugar de esto, aparentaron que la conferencia era un comienzo, que nunca tuvo seguimiento. Diplomáticamente, los delegados declararon que, "La emigración involuntaria de personas en grandes números se ha vuelto tan importante que torna más agudos los problemas raciales y religiosos, incrementa el desasosiego internacional, y puede seriamente entorpecer los procesos de pacificación de las relaciones internacionales".[160]

Sin embargo ya que la conferencia convocada por el Presidente de Estados Unidos, Franklin D. Roosevelt, se reunió bajo la condición previa de que "ningún país sería forzado a cambiar sus cuotas de inmigración, sino que en lugar de esto se les solicitaría cambios voluntarios" [161] no fue una sorpresa que las resoluciones de la conferencia ofrecieran a los desesperados judíos de Alemania y Austria muy pocas esperanzas.

Según Yad Vashem, del *Centro mundial para la investigación, documentación, educación y conmemoración del Holocausto*, el memorial oficial de Israel a las víctimas judías del Holocausto, "A medida que la conferencia avanzaba, delegado tras delegado disculpaba a su país de aceptar más refugiados. El delegado de Estados Unidos Myron C. Taylor, afirmó que la contribución de su país era ver que la cuota de inmigración alemana y austríaca que hasta ese momento permanecía sin cubrir, quedase disponible totalmente. El delegado británico declaró que los territorios de ultramar eran en gran parte inapropiados para asentamientos europeos, salvo por algunas áreas en África del Este que podrían ofrecer posibilidades a números limitados. Bretaña misma que estaba muy poblada y sufría desempleo, tampoco estaba disponible para la inmigración y excluyó a Palestina de las discusiones de Évian enteramente. El delegado francés afirmó que Francia había alcanzado "el punto máximo de saturación en lo referente a la admisión de refugiados". Los otros países europeos se hicieron eco de este sentimiento con variaciones menores. Australia no podía fomentar la inmigración de refugiados porque 'como no tenemos un problema racial real, no tenemos deseos de importarlo'. Los delegados de Nueva Zelanda, Canadá y las naciones latinoamericanas invocaron la depresión para no aceptar refugiados. Solo la diminuta República Dominicana se ofreció como voluntaria para contribuir con extensas pero no especificadas áreas para colonización agrícola". [162]

Unos meses después de la conferencia, se cerraron las puertas y el destino de los judíos en Europa quedó sellado.

Antisemitismo disfrazado

Si bien las atrocidades del Holocausto ayudaron a que el asentamiento judío en Israel ganara reconocimiento y comprensión, y el Estado Judío de Israel fuera fundado en 1948, contribuyó muy poco para sacar de raíz el antisemitismo. Más bien, el antisemitismo adquirió un nuevo rostro: el anti-sionismo.

Están aquellos que argumentan que el anti-sionismo es diferente al antisemitismo. Baal HaSulam, por el contrario, afirma que el odio a los judíos es tan solo eso, sin importar la forma que asuma. En su estilo directo y sucinto, escribe, "Es un hecho que Israel es odiada por todas las naciones, ya sea por cuestiones religiosas, raciales, capitalistas, comunistas o cosmopolitas. Se debe a que el odio antecede a todas las razones, pero cada uno sencillamente resuelve su aversión conforme a su propia psicología".[163]

Pero como a menudo sucede con los judíos, nuestros mejores defensores surgen de entre las naciones. Aproximadamente unos años después de la Guerra de los Seis Días en 1967, el escritor social americano, Eric Hoffer, quien fue premiado con la Medalla Presidencial de la Libertad y en cuyo honor se creó La Premiación Eric Hoffer, publicó una carta abierta en Los Ángeles Times. Tal vez fue el hecho que el Sr. Hoffer no era judío lo que le permitía escribir tan cándidamente acerca del estado de los judíos en el mundo.

"Los judíos son un pueblo peculiar", empieza, "Lo que le está permitido a otras naciones está prohibido a los judíos. Otras naciones expulsan a miles, incluso a millones de personas y no existe un problema de refugiados. Rusia lo hizo, Polonia y Checoeslovaquia lo hicieron. Turquía echó fuera a millones de griegos y Argelia a millones de franceses. Indonesia desterró a quién sabe cuántos chinos y nadie dice una palabra acerca de los refugiados. Pero en el caso de Israel, los árabes desplazados se han convertido en refugiados eternos. Todos insisten que Israel debe recibir de nuevo a todos los árabes.

"(El historiados británico) Arnold Toynbee llama al desalojo de los árabes una atrocidad mayor que cualquiera cometida por los nazis".

"Otras naciones, cuando salen victoriosas del campo de batalla, dictan las condiciones para la paz. Pero cuando Israel es victorioso, debe entablar un juicio para la paz. Todos esperan que los judíos sean los únicos verdaderos cristianos en este mundo".

"Otras naciones cuando son derrotadas, sobreviven y se recuperan, pero si Israel fuera derrotado sería destruido. Si Nasser (el Presidente de Egipto durante la Guerra de los Seis Días en 1967) hubiera triunfado el pasado junio, hubiera borrado a Israel del mapa y nadie hubiera levantado un dedo para salvar a los judíos. Ninguna compromiso con los judíos por parte de algún gobierno, incluyendo el nuestro (el gobierno de Estados Unidos) vale siquiera el papel en el que está escrito".

"Surge un grito de indignación en todo el mundo cuando mueren personas en Vietnam o cuando dos negros son ejecutados en Rhodesia. Pero cuando Hitler asesinó a los judíos nadie le puso objeciones. Los suecos, quienes están dispuestos para romper relaciones diplomáticas con Estados Unidos debido a lo que hemos hecho en Vietnam, no chistaron cuando Hitler masacraba a los judíos. Le enviaron a Hitler mineral de hierro de primera calidad y rodamientos de bolas y dieron servicio a los trenes transportando tropas a Noruega".

"Los judíos están solos en el mundo. Si Israel sobrevive será solamente debido a los esfuerzos judíos y los recursos judíos. Sin embargo en este momento Israel es nuestro único y fiable aliado incondicional. Podemos confiar más en Israel que Israel puede confiar en nosotros. Y uno solo puede imaginarse lo que habría ocurrido el último verano si los árabes y su respaldo ruso hubieran ganado la guerra para darse cuenta de cuán vital es la supervivencia de Israel para Estados unidos y el occidente en general".

"Tengo un presentimiento que no me abandona; como le vaya mal a Israel nos irá mal a todos nosotros. Si Israel perece, el holocausto caerá sobre nosotros".[164]

Otro notable ejemplo de simpatía se relaciona esta vez con el debate sobre si aquel que se opone al sionismo también se opone a los judíos. Más adelante las extraordinarias palabras del Reverendo Martin Luther King, Jr., quien en una carta a un amigo, expone los argumentos para los judíos en general, y para el estado judío en particular, con una elocuencia convincente que el ministro de Asuntos Extranjeros de Israel tendría que envidiar.

He aquí la carta de Martin Luther King, "Carta a un amigo anti-sionista: "...Has declarado amigo mío que no odias a los judíos, que sencillamente eres anti-sionista. Y yo digo, dejemos que la verdad resuene desde las altas cimas de las montañas, que se escuche el eco recorriendo los valles de la tierra verde de Dios: cuando las personas critican el sionismo, se refieren a los judíos: esta es la misma verdad de Dios.

"El antisemitismo, el odio al pueblo judío, ha sido y es una mancha en el alma de la humanidad. En esto estamos totalmente de acuerdo. Entonces debes también saber esto: el anti-sionismo es inherentemente antisemítico y siempre lo será".

"¿Por qué es así? Tú sabes que el sionismo no es nada menos que el sueño y el ideal del pueblo judío por retornar a vivir en su propia tierra. El pueblo judío, nos dicen las escrituras, alguna vez disfrutó de una Mancomunidad floreciente en Tierra Santa. De allí fueron expulsados por el tirano romano, los mismos romanos que cruelmente asesinaron al Señor. Desalojados de su tierra natal, su nación hecha cenizas, se vieron forzados a errar por el mundo, el pueblo judío una y otra vez sufrió el azote de cualquier tirano que gobernara sobre ellos".

"...Qué fácil debería ser para cualquiera que valora este inalienable derecho de toda la humanidad, entender y apoyar los derechos del pueblo judío para vivir en su antigua tierra de Israel. Todos los hombres de buena voluntad se regocijan por el cumplimiento de la promesa de Dios que Su pueblo retorne con alegría a reconstruir su tierra saqueada. Esto es el sionismo, nada más y nada menos".

"¿Y qué es el anti-sionismo? Es negar al pueblo judío su derecho fundamental que nosotros con justicia reclamamos para las personas de África y que libremente acordamos a todas las otras naciones del globo. Es discriminación hacia los judíos, amigo mío, porque ellos son judíos. En resumen, es antisemitismo".

"El antisemita se regocija por cualquier oportunidad de expresar su malevolencia. Los tiempos han hecho que sea mal visto en occidente proclamar abiertamente el odio a los judíos. Puesto que este es el caso, el antisemitismo debe constantemente buscar nuevos modos y foros para su veneno. ¡Cómo debe deleitarse con la nueva mascarada! No odia a los judíos, es solo un anti-sionista".

"Amigo mío, no te acuso de antisemitismo deliberado. Yo sé que sientes, como yo, un gran amor por la verdad y la justicia y una repugnancia por el racismo, el prejuicio y la discriminación. Pero sé que has sido engañado -al igual que otros lo han sido- para pensar que puedes ser anti-sionista y sin embargo permanecer fiel a estos sinceros principios que tú y yo compartimos. Deja que mis palabras encuentren eco en las profundidades de tu alma: cuando la gente critica al sionismo se refieren a los judíos; no te equivoques al respecto".[165]

Aproximadamente desde principio de siglo, hemos sido testigos de un aumento del antisemitismo a través del mundo. Un reporte ejecutivo emitido por el Departamento de Estado de Estados Unidos confirma que "La creciente frecuencia y severidad de los incidentes antisemíticos desde los inicios del Siglo XXI, han obligado a la comunidad internacional a enfocarse en el antisemitismo con renovado vigor... En los últimos años, los incidentes han tenido como blanco su esencia, cuyos agresores aparentan tener la intención de atacar a los judíos y al judaísmo".[166]

¡En algunos casos, existe el antisemitismo en donde no habita ningún judío! Un reporte intitulado, "Antisemitismo sin judíos", por la escritora, editora y fotógrafa, Ruth Ellen Gruber destaca la prevalencia del antisemitismo en Europa, incluso en lugares en donde no vive ningún judío. Según Gruber, "Se me ha solicitado que discuta el fenómeno del 'antisemitismo sin judíos' en términos históricos, pero también dentro del contexto de lo que ha sido denominado como el 'nuevo antisemitismo' que se ha manifestado en Europa y ciertamente en otros lugares... debo decir que no me siento cómoda con el término 'nuevo antisemitismo'. Como lo informó el *London Jewish Chronicle* en su editorial el año pasado, el antisemitismo tiene el sueño ligero, es muy fácil despertarlo. También se lo ha designado como un virus, un virus proteico que, como un virus que provoca enfermedades en el cuerpo humano, puede mutar en forma oportunista para derrotar las defensas o anticuerpos que hayan sido creados para neutralizarlo. Lo ha hecho en numerosas ocasiones, incluso en países post-Holocausto cuya población judía es prácticamente invisible. Y lo está haciendo ahora".[167]

Tal vez menos sorprendente, pero inquietante, es el fenómeno del antisemitismo formal en Malasia. En octubre 6, 2012. Robert Fulford del *Canadian National Post* publicó una historia sobre el antisemitismo afirmando que en Malasia, "Los políticos y los servidores públicos pasan una asombrosa cantidad de tiempo pensando en Israel que se encuentra a 7,612 kilómetros de allí. Algunas veces parecen estar obsesionados por ello. Malasia nunca ha tenido un conflicto con Israel, pero el gobierno alienta a los ciudadanos a odiar a Israel y a odiar a los judíos sean israelís o no".[168]

"Muy pocos malasios han visto a un judío; la diminuta comunidad judía emigró hace décadas", escribe Fulford. "Sin embargo, Malasia se ha convertido en un ejemplo del fenómeno que llamamos "antisemitismo sin judíos". En Marzo pasado, por ejemplo, el Departamento de Asuntos Islámicos en territorio federal emitió un sermón oficial que debía ser leído en todas las mezquitas, diciendo que "Los musulmanes deben entender que los judíos son los enemigos principales de los musulmanes como lo prueba su comportamiento egoísta y los crímenes que han cometido".

"En Kuala Lumpur, es normal culpar a los judíos por todo, desde los fracasos económicos hasta la nefasta reputación de Malasia en los periódicos extranjeros (propiedad de los judíos)".[169]

Evidentemente, incluso el Holocausto no cambió el modo de pensar de la gente acerca de los judíos. Como lo escribí en el Prólogo de este libro, "desde los inicios del siglo, el antisemitismo ha ido en aumento una vez más, esta vez alrededor del mundo. El espectro del odio a los judíos ha echado raíces en todas partes". La simpatía que tuvimos después de la Segunda Guerra Mundial fue de corta duración y ahora una nueva ola más grande que nunca de antisemitismo está cobrando fuerza.

En el capítulo 2, citamos las palabras de Rabí Nathan Shapiro, "Existen cuatro fuerzas en el hombre -inerte, vegetal, animal y hablante- e Israel tiene otra quinta parte: son los hablantes piadosos".[170] Si tenemos en cuenta que la meta de la creación es que todos alcancen este último grado, que solo Israel posee, y que Abraham tenía la intención de dar a todos sus coterráneos babilonios, veremos que lo que debemos dar al mundo es una única y sencilla cosa: la cualidad de otorgamiento, materializada en la máxima, "Ama a tu prójimo como a ti mismo". Cuando la egolatría prospera en el mundo, esta cualidad es el único remedio que puede contrarrestar un conflicto de proporciones sin precedente.

Los judíos, por lo tanto, deben reavivar la cualidad que los caracteriza como individuos y como nación y guiar por ese camino a toda la humanidad. Ciertamente, la adquisición de la cualidad de otorgamiento es equivalente a la revelación del Creador a través de la equivalencia de forma. Lamentablemente, como veremos en el siguiente capítulo, a menudo intentamos evadir esta misión, ya sea porque no estamos conscientes de ella, o porque no queremos. Por consiguiente, en lugar de abrazar nuestra vocación y preparar el camino de la luz para toda la humanidad, tratamos de asimilarnos hasta la extinción y ser como las otras naciones.

7

Mezcla de campanas

Una de las plegarias más importantes en *Yom Kipur* (El día de la expiación) es conocida como *Maftir* [171] *Yoná* (Jonás), durante la cual se lee el libro entero de Jonás. La historia del profeta Jonás simboliza -más que cualquier otra- la ambivalencia que nuestro pueblo siente hacia su papel en el mundo.

Cierto es que, no es una tarea fácil ser el eterno aguafiestas. Incluso dentro de nuestra propia nación, los profetas rara vez la tuvieron fácil o fueron tratados con gratitud por salvarnos de las calamidades y aflicciones. Sin embargo, los profetas siempre cumplieron con su cometido. Se sentían obligados a hacerlo por el terror que sentían de la tormenta que de otra forma se hubiera abatido en sus incautos hermanos, por lo que no podían permanecer en silencio.

Jonás intento todo lo que pudo para evitar su misión. Ocultó su identidad de hebreo y abordó un barco que se enfilaba a Tarshish, lejos de Nínive, en donde el Creador le había revelado la profecía. Pero como todos ya lo sabemos, el Creador lo encontró en el barco y los marineros descubrieron su identidad y lo lanzaron por la borda, en donde fue atormentado en las entrañas de un gran pez. Finalmente, luego de su arrepentimiento (orando desde las entrañas del pez), fue a Nínive y profetizó. Gracias al arrepentimiento de Jonás, los habitantes de Nínive aprendieron la corrección que se les pedía, la llevaron a cabo, la ciudad fue salvada y sus habitantes fueron perdonados.

Curiosamente, Nínive no era una ciudad hebrea. Era la ciudad más populosa del Imperio Asirio y un próspero centro de actividades. Sin embargo, el Señor le ordenó a Jonás que profetizara para que ellos pudieran mejorar su conducta y evitar los sufrimientos. Una vez más, esto nos indica que el camino de la corrección y llegar hasta el Creador no está destinado únicamente para los judíos, sino para toda la humanidad. Es muy simbólico que leemos esta historia en el día más especial del año judío, *Yom Kipur*, el Día de la expiación.

En efecto, la historia de Jonás compendia el dilema del pueblo judío a través de las generaciones. Por una parte, somos el pueblo elegido, destinado a señalar el camino de la luz a todas las naciones. Por el otro, con insistencia, inútilmente intentamos evitar nuestro destino porque el mensaje de la garantía mutua y la unidad que traemos es repugnante para el ego del interlocutor, ya que todos nacimos egocéntricos y queremos seguir siendo así.

Cuando los judíos retornaron del exilio en Babel para construir el Segundo Templo, los que permanecieron atrás se asimilaron a tal grado entre las naciones de residencia que desaparecieron enteramente. *The Jewish Encyclopedia* (*La Enciclopedia Judía*)[172] escribe que una vez liberados del cautiverio en Babilonia, los judíos gradualmente se extendieron a Siria, Egipto y Grecia, principalmente como esclavos, bastante inadecuados, por lo que no tuvieron problema de ser rescatados y liberados.

"Además", nos instruye la Enciclopedia Judía, "debido a la estrecha solidaridad que es uno de los rasgos perennes de nuestra raza judía, no tuvieron dificultad en encontrar correligionarios dispuestos a pagar la cantidad de su rescate".[173] Sin embargo, continúa la enciclopedia, "Los judíos así liberados, en lugar de regresar a Palestina, generalmente permanecieron en la tierra de su anterior esclavitud y allí junto con sus hermanos de fe, establecieron comunidades. Según el testimonio formal de Filo (*Legatio ad Caium*, §23), la comunidad judía en Roma debe su origen a los prisioneros liberados de guerra".[174] Desde Roma, los judíos siguieron dispersándose por toda Europa.

Una vez liberados de Babilonia, sin embargo, la minoría de los hebreos que regresó a la Tierra de Israel, se convirtieron en lo que ahora conocemos como el Pueblo Judío. Después de la destrucción del Segundo Templo, ellos también quisieron asimilarse. Sin embargo, a diferencia de sus hermanos, a los judíos que fueron exiliados de Jerusalén y Judea las naciones nunca les permitieron mezclarse al punto de desaparecer. Si esto hubiera sucedido, el propósito de la existencia de los judíos, es decir, la revelación del Creador al resto de las naciones, habría sido borrado.

Tal vez es por eso que notables historiadores y teólogos escribieron textos similares a los del Profesor Emérito sobre el judaísmo en la Universidad de Gales, Dan Cohn Sherbok: "La paradoja de la vida judía es que el odio y la supervivencia judía han sido interrelacionados durante miles de años, y que sin el antisemitismo, podríamos estar condenados a la extinción".[175]

Ciertamente, a pesar de los desesperados y frecuentes intentos por mezclarse y asimilarse, siempre hemos sido recordados de nuestra herencia y ásperamente llevados de vuelta al judaísmo, o nos quedamos como parias en nuestra nueva religión. Hoy en día, muchos judíos todavía tratan de asimilarse a las culturas de su lugar de residencia, pero con todo y la apariencia de éxito en algunos países, la historia nos muestra que nunca se ha logrado y que el destino del judío dicta que esto nunca sucederá.

Particularmente durante los Siglos XIV y XV ocurrieron algunos notables ejemplos de asimilación judía y rechazo en España. Y en Alemania, antes y durante la Segunda Guerra Mundial y el Holocausto que propició virtualmente la exterminación de la judería europea en su totalidad. Aunque se ha dicho y escrito extensamente sobre estas dos épocas en la historia judía, es importante resaltar algunas similitudes que podrían indicar una tendencia repetitiva que podríamos esgrimir como un augurio. Nos referiremos a estos períodos uno por uno y concluiremos con la reflexión sobre la judería más destacada el día de hoy fuera de Israel: la de Estados Unidos.

España, una trágica historia de amor

Flavio Josefo escribió sobre la cálida bienvenida con que fueron acogidos los expatriados de Judea en Siria y Antioquía después de ser expulsados por los romanos. Los judíos estaban "muy entremezclados", escribió, y vivían, "en la más imperturbable tranquilidad".[176] También escribió cómo el Emperador romano Tito Flavio, "los expulsó de Siria".[177] En *Antigüedades de los Judíos*, cita que el geógrafo griego Strabo decía, "Este pueblo ya se ha abierto camino hacia toda ciudad, y no es fácil encontrar un lugar en el mundo habitable que no haya recibido a esta nación y en la que no haya hecho sentir su poder".[178]

La forma vacilante en que los judíos son primero bienvenidos y luego rechazados, después bien recibidos nuevamente, luego expulsados nuevamente, si no destruidos totalmente, se ha repetido en numerosas ocasiones desde la destrucción del Primer Templo.[179] Como indicamos anteriormente, los judíos exiliados del Primer Templo que optaron por dispersarse fuera de Babilonia una vez que fueron liberados, pudieron asimilarse de tal forma que desaparecieron. Sin embargo, muchos, si no la gran mayoría de los judíos que fueron exiliados después de la destrucción del Segundo Templo, todavía son reconocidos como tal, al menos por herencia o por algún tipo de práctica.

Hubo muchos intentos por convertir a los judíos al Islam o a la cristiandad y ellos mismos algunas veces lo desearon, intentando activamente convertirse. Y sin embargo, en su mayoría esos intentos fracasaron o tuvieron un éxito marginal.

El Profesor e investigador de historia judía en la Universidad de Wisconsin, Norman Roth, destaca tanto las tentativas masivas de conversión de los judíos como las trágicas consecuencias resultado de estos esfuerzos. En *Judíos, visigodos, musulmanes de la España Medieval; colaboración y conflicto*, él escribe, "En los Siglos XIV y XV, miles de judíos se convirtieron, casi siempre por su propia voluntad y no bajo coacción a la cristiandad. El papel de estos conversos (judíos que se convirtieron al cristianismo) en la sociedad suscitó una feroz hostilidad contra ellos en el Siglo 15, que finalmente resultó en una guerra. Emergieron el racismo y el antisemitismo, por primera vez en la historia en gran escala y se proclamaron los estatutos de limpieza de sangre (distinguiendo a los antiguos cristianos puros de aquellos con ancestros musulmanes o judíos). Al final la Inquisición fue revivida, entre los falsos cargos, la 'falta de sinceridad' de los conversos y muchos fueron quemados. Nada de esto, sin embargo, tenía algo que ver con los judíos, quienes en su mayoría continuaron con sus vidas y sus relaciones normales con los cristianos como antes".[180]

Ciertamente, no solo los judíos que se sostuvieron en su fe no fueron dañados, sino que incluso alimentaron un vínculo único con sus anfitriones españoles. Según Roth, "Tan insólita, podría hasta decirse única, era la naturaleza de esa relación (entre judíos y cristianos) que se usa un término especial en español para ello, un vocablo que no tiene una traducción precisa en otros idiomas, "convivencia", que significa vivir juntos con afinidad. En verdad, el alcance real de convivencia en la España cristiana medieval aún no ha sido completamente revelado".[181]

La investigación de Roth resalta que mientras los judíos permanecían leales a su herencia y no intentaban asimilarse a culturas extrañas, eran bienvenidos, o por lo menos los dejaban en paz. Y particularmente en España hubo momentos de tal calidez e intensidad en la relación que verdaderamente parecía ser una historia de amor, completa con todas las pruebas y tribulaciones por las que pasan las grandes historias de amor. Sin embargo cuando los judíos trataban de mezclarse con otras naciones y se volvían como ellos, estas naciones los rechazaban y los forzaban a volver al judaísmo, o los forzaban a convertirse, pero en forma coercitiva y despectiva.

Jane S. Gerber, experta en historia sefaradí en la Universidad de la Ciudad de Nueva York, elocuentemente detalla el grado en que los judíos conversos de España se integraron a la vida secular y cultural de España. "Profundamente arraigados en la península ibérica desde los inicios de su dispersión", escribe Gerber, "estos judíos alimentaron fervientemente un amor por España y tenían una gran lealtad a su idioma, sus regiones y *tradiciones* (...) *De hecho, España había sido considerada como una segunda Jerusalén.*

"Cuando el decreto de expulsión del Rey Fernando y la Reina Isabel fue promulgado el 31 de marzo de 1492 ordenando que los 300,000 judíos abandonaran España en los siguientes cuatro meses, los sefaradís reaccionaron con sobresalto e incredulidad. Seguramente, sintieron ellos, *la importancia de su gente en todos los ámbitos de la vida*, la absoluta antigüedad de sus comunidades (...) *y la presencia de tantos judíos y cristianos de ascendencia judía (conversos) en los íntimos círculos de la corte, las municipalidades e incluso la iglesia católica*, podrían darles protección e impedir el decreto.

"...Los judíos españoles se sentían particularmente orgullosos de su largo linaje de poetas, cuyas composiciones aún eran declamadas. Sus filósofos habían tenido mucha influencia entre los eruditos de Occidente, sus innovadores filólogos se habían ganado un lugar perenne como pioneros del lenguaje hebreo, y sus matemáticos, científicos e innumerables físicos habían ganado aclamación. El ingenio y el *servicio público de los diplomáticos sefaradís también llenaron los anales de muchos reinos musulmanes. De hecho, no solamente habían residido en España, habían coexistido al lado de musulmanes y cristianos, observando la noción de la convivencia con la mayor seriedad.*

"La experiencia sefaradí suscita el tema de la aculturación y la asimilación como ninguna otra comunidad judía lo ha hecho. Durante muchos siglos, *la civilización judía tomaba prestado libremente de la cultura anexa musulmana...* Cuando las persecuciones arrollaron a los sefaradís en 1391 y les ofrecieron la opción de la conversión o la muerte, los números de conversos superaron el considerable número de mártires. La verdadera novedad de esta conversión masiva, única en la experiencia judía, ha inducido a los eruditos a buscar causalidad en *un alto grado de aculturación alcanzada por los sefaradíes".* [182]

Y sin embargo, no fue la aculturación lo que causó que los españoles se volvieran en contra de los judíos. Fue más bien que los judíos abandonaron la cohesión social y la garantía mutua, cualidades que (en gran medida) les habían ganado la estima inconsciente de la nación en la que vivían. "Los comentaristas medievales particularmente", continua Gerber, "preferían culpar a la aculturación judía *de la ruptura de la disciplina comunal,* y algunos de los más grandes historiadores judíos modernos, como Itzhak Baer, han citado además el impacto corrosivo de la filosofía averroísta y el cinismo de los cortesanos judíos asimilados de España. Pero en la ola de conversiones masivas y *los agudos conflictos comunales, no fueron solo los filósofos que sucumbieron frente a la persecución",* [183] más bien toda la comunidad sufrió.

Por consiguiente, conscientes o no, los judíos fueron afectados, y fueron finalmente expulsados de España porque habían caído en la desunión, olvidando los poderes y los beneficios que la unidad puede aportarles, y que nuestros sabios enseñaron a nuestros antecesores durante generaciones. *El Libro del Zóhar* habla de la panacea de la unidad, "Porque son un corazón y una mente... no fallarán en lo que pretendan hacer y no habrá nadie que pueda detenerlos". [184]

Pero *El Libro del Zóhar*, que resurgió en España unos cuantos siglos antes de la expulsión, no podía salvar a los judíos. Eran sencillamente demasiado espirituales y culturalmente asimilados para unirse, y llevar a cabo el rol predestinado de ser una luz para las naciones. Y puesto que no quisieron ajustar su rumbo por consentimiento propio, la Ley de Otorgamiento de la Naturaleza, el Creador, lo hizo a través de su entorno, los españoles cristianos a quienes los judíos respetaban.

Michael Grant, clasicista inglés, autor y Profesor en la Universidad de Cambridge, estudió la incapacidad de los judíos para mezclarse: "Los judíos han dado pruebas no solo de no asimilarse, sino de no ser asimilables... La demostración de que esto es así, lo evidencia uno de los más significativos momentos decisivos en la historia griega, causados por la gigantesca influencia ejercida a través de las épocas subsecuentes por su religión, que no solo sobrevivió intacta, sino subsecuentemente dio a luz a la cristiandad".[185]

De igual forma el Obispo del Siglo XVIII, Thomas Newton, escribió acerca de los judíos: "La preservación de los judíos es realmente uno de los más indicativos e ilustres actos de la divina Providencia... y qué más, sino un poder sobrenatural, pudo haber preservado de tal manera, como ninguna otra nación sobre la tierra ha sido preservada. Ni es la providencia de Dios menos notable en la destrucción de sus enemigos, que en su preservación... Vemos que los grandes imperios que en su momento sometieron y oprimieron al pueblo de Dios, todos han sido destruidos... Y si tal ha sido el final fatal de los enemigos y opresores de los judíos, que sirva como advertencia a todos los que en algún momento u ocasión estén a favor de elevar un clamor o persecución en contra de ellos".[186]

Ya que, como mencionamos en el Capítulo 4, los judíos representan en nuestro mundo la parte del alma de *Adán* que logró la unidad de los corazones y por consiguiente la conexión con el Creador, y debido a que su papel espiritual es el de esparcir la unidad y conexión que resulte, al resto de las naciones, las naciones rechazan las tentativas de los judíos de volverse como ellos. No es una elección consciente sino un impulso compulsivo que llega hasta ellos del mismo pensamiento de la creación. Esto raramente surge en la consciencia de los autores del sufrimiento, pero ellos lo ejecutan infaliblemente.

Un episodio singular del pensamiento de la creación que se despierta en la consciencia del ejecutor ocurrió en una noche fatídica y trágica en 1492. En *The Jew in the Medieval World: A Sourcebook: 315-1791 (El judío del mundo medieval: Un libro de consulta: 315-1791)*, el erudito en historia judía, Rabí Jacob Rader Marcus relata los detalles del evento que descubrió había ocurrido. "El acuerdo que les permitía a ellos (los judíos) permanecer en el país (España) mediante el pago de una importante suma de dinero casi se lleva a cabo, cuando fue frustrado por la interferencia de un prior al que llamaban el Prior de Santa Cruz. (La leyenda relata que Torquemada, Prior del convento de Santa Cruz tronó con el crucifijo en alto ante el Rey y la Reina: 'Judas Iscariote vendió a su maestro por treinta piezas de plata. Su Alteza lo vendería nuevamente por treinta mil. Aquí está, tómenlo y realicen el trueque')".[187] Lo que aconteció después ilustra que pase lo que pase, los judíos se ven obligados a ser lo que son, y hacer lo que deben hacer. "Entonces la Reina respondió a los representantes de los judíos, con lo dicho por el Rey Salomón en Proverbios 21:1: 'Corriente de agua es el corazón del rey en la mano del Señor, que Él dirige donde quiere'. Y agregó, '¿Ustedes creen que esto proviene de nosotros? El Señor lo ha puesto en el corazón del rey'".[188]

En efecto, los judíos fueron expulsados no solo porque habían dejado de tener un valor económico para los españoles. Los judíos habían sido reconocidos como un activo económico durante siglos. De hecho, cuando fueron forzados a salir de España, muchos de ellos huyeron a Turquía, donde fueron bienvenidos justamente por su contribución a la economía del país que los acogía. En consecuencia, el Sultán otomano Bayezid II, estaba tan satisfecho de la expulsión de los judíos de España y de su llegada a Turquía que se reporta que él "sarcásticamente agradeció a Fernando por enviarle algunos de sus mejores súbditos, empobreciendo así sus propias tierras y enriqueciendo las suyas (Bayezid)".[189] Otra fuente reporta que "cuando el Rey Fernando, quien expulsó a los judíos de España fue mencionado en su [Bayezid] presencia, dijo, "¿Cómo se puede considerar al Rey Fernando, un gobernante sabio, si empobreció su propia tierra y enriqueció la nuestra?".[190]

Una y otra vez, encontramos que no es nuestra astucia que nos concede el favor de las naciones. Más bien es nuestra unidad, pues nuestra unidad proyecta la luz sobre ellos, o más bien el deleite que estaban destinados a recibir a través de nosotros en el pensamiento de la creación. En las palabras del escritor y pensador Rabí Hillel Tzaitlin, "Si Israel es el único y verdadero redentor del mundo entero, debe ser apto para esa redención. Israel debe primero redimir su propia alma... ¿Pero cómo redimirá su alma? ¿La nación que está en ruinas, tanto material como espiritualmente, se convertirá en una nación integrada enteramente por redentores? ...Con tal propósito, quiero establecer con este libro la 'unidad de Israel'... Si es fundamentada, la unificación de los individuos tendrá como propósito el ascenso interior y una invocación para la corrección de todos los males de la nación y del mundo".[191]

Ciertamente, incluso si ganamos todos los premios Nobel de aquí hasta el día del juicio final, por el beneficio que los logros científicos le ofrecen a la humanidad, no se nos dará ningún crédito, sino causará aversión. Podemos preparar a los mejores médicos, los más ilustres economistas, los científicos más brillantes y los más innovadores empresarios, pero hasta que no canalicemos la luz, el poder que hacemos surgir a través de la unidad, las naciones nunca nos aceptarán, y nunca justificaremos nuestra existencia sobre este planeta.

La Alemania nazi; el horror más allá de toda palabra

Como hemos mencionado antes en este capítulo, otro notable ejemplo de asimilación judía y rechazo sucedió en Alemania, antes y durante la Segunda Guerra Mundial. Las consecuencias espantosas de los acontecimientos ocurridos en Alemania han sido profundamente discutidas y analizadas y no queda mucho por agregar con respecto a lo ocurrido. Lo que debemos señalar, sin embargo, es la repetición de los culpables que ejercieron su efecto en la Inquisición Española y la definitiva expulsión de España.

Históricamente, la judería alemana no disfrutó la libertad y la afinidad con los ducados y ciudades de sus anfitriones, como lo hicieron los judíos en España. Más bien, durante siglos deambulaban de ciudad en ciudad para habitar en donde se les permitía, siempre bajo severas restricciones y discriminación y en ocasiones, como durante las Cruzadas, sufriendo persecuciones, expulsiones y hasta masacres.

Y sin embargo, en los inicios del Siglo XVI, junto con el Renacimiento, los judíos en Alemania gozaron de una relativa paz. Si bien no recibieron una posición social igual, o ciudadanía en ninguna de las ciudades donde habitaban, o en los ducados, les dejaban llevar su vida relativamente sin interrupciones y separados del resto de la sociedad alemana.

"Detrás de las murallas de sus guetos", escribe Sol Scharfstein en *Understanding Jewish History: From Renaissance to the 21st Century*,

(*Entender la historia judía desde el renacimiento hasta el Siglo XXI*), "siguiendo sus propias tradiciones y su propio estilo de vida, los judíos capearon los temporales de los siglos que siguieron; las luchas entre los cristianos, entre la iglesia y los príncipes, y las guerras y revoluciones desencadenadas por las nuevas condiciones y nuevas ideas.

"... (El Papa) Pablo IV argumentaba que era incoherente que los cristianos fueran amistosos con un pueblo que no había aceptado a Cristo como su salvador. En una bula pontificia decretó que los judíos viviendo en zonas controladas por la iglesia deberían ser confinados a guetos. Se les permitiría abandonar el gueto en el día para ir al trabajo, pero estaba prohibido que salieran en cualquier otro momento. Las puertas del gueto debían cerrarse por la noche y durante las festividades cristianas", y las puertas eran "...resguardadas por vigilantes no judíos que controlaban la entrada y salida de los que estaban prisioneros adentro".[192]

Pero contrario a la creencia popular, al principio los guetos judíos no eran obligatorios. Eso vino más tarde, cuando los judíos se concentraban en sus zonas de habitación. El reconocido historiador Salo Wittmayer Baron, escribió que "los judíos tenían menos tareas y más derechos que la gran mayoría de la población... Podían moverse libremente a cualquier lugar salvo contadas excepciones, podían casarse con quien quisieran, tenían sus propias cortes y eran juzgados según sus propias leyes. Incluso en casos implicados con no judíos, no era el tribunal local sino generalmente un juez especial designado por el rey o algún alto oficial, quien tenía competencia".[193]

Unas páginas más adelante, continua el profesor Wittmayer Baron, "...la comunidad judía gozaba de total autonomía interna. Compleja, aislada, en cierto sentido extranjera, se le dejaba severamente más sola por parte del Estado que a la mayoría de las corporaciones. Por consiguiente, la comunidad judía de los días pre-revolucionarios tenía más competencia sobre sus miembros que los modernos gobiernos federales, estatales y municipales combinados (relevante a 1928, año de su publicación). La educación, la administración de justicia entre judíos, la imposición para fines comunales y del estado, la salud, los mercados, el orden público, estaban todos bajo la jurisdicción de la comunidad, corporación y además, la comunidad judía era la fuente principal del trabajo social de una calidad superior a la exterior a la judería.

"...Una etapa de esta existencia colectiva generalmente considerada por los judíos emancipados como un mal no mitigado fue el gueto. Pero no debemos olvidar que el gueto se desarrolló voluntariamente como resultado del auto-gobierno judío, y fue solo con un desarrollo posterior que la ley pública intervino y dictaminó que fuera legal la obligación para todos los judíos vivir en un distrito aislado".[194]

De esta forma, confiando unos en los otros para su subsistencia, los judíos se acercaron, cultivaron su propia literatura, y vivieron modesta y piadosamente. Una vez más vemos que cuando los judíos permanecen unidos, son indemnes. Y una vez más, vemos que cuando la cohesión y la unidad no son el modo de vida elegido por los judíos, las circunstancias se las imponen desde el exterior. Aunque coercitiva, es siempre la unidad que los mantiene a salvo

Y sin embargo, a pesar de la seguridad que brinda la unidad y el hecho de que los judíos, como lo apunta el profesor Grant son "inasimilables" tan pronto se abren las puertas y los judíos pueden salir, empiezan a mezclarse del mismo modo que les ocasionó tantos infortunios en España; la asimilación cultural y todavía peor, la asimilación religiosa. De alguna forma, siempre olvidamos las palabras de nuestros sabios quienes repetidamente claman, "Cuando ellos (Israel) son como un hombre con un corazón, se vuelven como una muralla fortificada contra las fuerzas del mal".[195] Ciertamente, como hemos venido exponiendo en este libro, la falta de unidad es la causante de la destrucción del Templo y la dispersión del pueblo de Israel de su tierra, y ciertamente de toda calamidad que se ha abatido en los judíos desde entonces.

A medida que la emancipación judía progresaba y los judíos alemanes fueron admitidos en la sociedad alemana cristiana, gradualmente se distanciaron de sus raíces espirituales. Hacia el final del Siglo XVIII estaban tan ansiosos de ser aceptados por la sociedad cristiana que hubieran hecho virtualmente todo para acceder a ella. De esta forma, según los profesores de la cultura e historia judía Steven J. Zipperstein de la Universidad de Stanford y Jonathan Frankel de la Universidad Hebrea en Jerusalén, en 1799 solo unos cuantos años después del inicio de la emancipación judía, David Friedlander uno de los líderes prominentes de la comunidad judía, llegó al extremo de sugerir que los judíos de Berlín se convirtieran al cristianismo masivamente.[196]

Pero incluso sin la conversión, los judíos alemanes estaban dispuestos a renunciar a todo lo que sus antepasados habían considerado sagrado.

"Con el propósito de probar la absoluta lealtad de los judíos al estado y al país", escribieron Zipperstein y Frankel más adelante en su libro, "(Los judíos) estaban dispuestos a suprimir de los devocionarios cualquier referencia a la ancestral esperanza de retornar a la antigua tierra natal en Palestina e interpretar la dispersión de los judíos a través del mundo no como un exilio sino como un valor positivo, como un camino para que los judíos llevaran el mensaje de la ética monoteísta a toda la humanidad, como una misión ordenada por la Divinidad. Por consiguiente el movimiento reformista hizo posible que se estipulara que los judíos constituían una comunidad estrictamente religiosa despojada de todos los atributos nacionales; que ellos eran alemanes (o polacos o franceses según el caso) de la 'Persuasión Mosaica'. De esta forma, el judaísmo reformado se convirtió en un símbolo, por decirlo así, de una disposición de cambiar las creencias de siglos por la igualdad civil y la aceptación social".[197]

La renuncia de la conexión de los judíos a Sión, la tierra de Israel y el deseo por el Creador -la ley de otorgamiento- simboliza más que otra cosa hasta qué punto los judíos alemanes se habían enajenado de su herencia. Como ya lo hemos visto tantas veces y como lo hemos aprendido de las enseñanzas de nuestros sabios a través de la historia, cuando los judíos están dispuestos a abandonar su papel, las mismas naciones a las que quisieron integrarse los fuerzan a volver nuevamente a asumirlo.

Por desgracia, los judíos alemanes desconocían este hecho. Estaban en el exilio, desterrados de la cualidad de otorgamiento y ajenos a su deber. Ignoraban que estaban equivocados y que en el momento que cambiaran su cohesión por la aceptación de la sociedad en general, ponían su futuro y el futuro de sus hijos en el camino del quebranto. Si bien nadie hubiera podido predecir la magnitud del horror que se abatiría sobre ellos, se había preparado el camino para ello y su conducta continuaba pavimentándolo.

Desde aproximadamente 1780 hasta 1869, a pesar de varios contratiempos, se llevó a cabo gradualmente el avance de la emancipación judía. Finalmente, "la ley de igualdad fue aprobada por el Parlamento de la Federación Alemana del Norte el 3 de julio 1869. Con la extensión de esta ley a los estados adheridos al Imperio Alemán, la lucha de los judíos alemanes por su emancipación había conseguido triunfar".[198]

Pero el precio del éxito fue el total abandono de todo lo que había mantenido a los judíos unidos. Según Werner Eugen Mosse, Profesor

Emérito de la Universidad Europea de Historia East Anglia, "En 1843, la primera Sociedad Reformista Radical -que rechazaba la circuncisión y pedía que se pasará el *Shabat* judío al domingo- vio la luz en Frankfurt. ... En las siguientes dos o tres décadas, el movimiento religioso reformista reestructuraría el servicio religioso en las comunidades más grandes, y se desarrolló en el movimiento liberal religioso que sometió a la judería alemana del Siglo 20.

"...La presión para integrarse socialmente a una sociedad general obligó a muchos a abandonar las prácticas que ellos sentían creaban una barrera contra la relación social (por ejemplo, las leyes dietéticas), y la necesidad de ser económicamente competitivos forzaba a muchos a realizar negocios el sábado, durante el *Shabat* judío. Además, muchos de los judíos asimilados a la cultura se vieron rechazados del servicio tradicional judío por razones espirituales".[199]

"Otro aspecto de la Reforma estrechamente ligada a la educación," continua el Profesor Eugen Mosse, "era la nueva ceremonia de confirmación. Esta ceremonia, basada en el modelo cristiano, tenía como propósito suplir (casi nunca reemplazar) el *Bar Mitzva* tradicional. Tanto niñas como niños al graduarse de una escuela religiosa, pasaban un examen público oral sobre las bases de la religión judía, luego recibían la bendición del rabino y quedaban formalmente iniciados en el judaísmo".[200]

De esta forma, como sucedió en España unos cuatro siglos antes, los Judíos Reformados en efecto se convirtieron en conversos Ashkenazi". Según Donald L. Niewyk, Profesor Emérito de Historia en SMU., "La gran mayoría de los judíos estaba apasionadamente comprometido con el bien de su patria, Alemania".[201]

Y justo como ocurrió en España, cuando la corriente empezó a volverse en contra de los judíos, y el antisemitismo se incrementó en la República de Weimar de Alemania, los judíos estaban felizmente ajenos al resonar de las alarmas. "No pocos contemplaron el antisemitismo como un favor positivo que en sí mismo podía preservar a los judíos de la integración gradual con la sociedad en general y su desaparición definitiva como un grupo religioso distintivo", narra el Profesor Niewyk.[202] Sin advertir que al dejar que las naciones nos mantengan juntos en lugar de hacerlo nosotros mismos suponía consecuencias inimaginables. El Dr. Kurt Fleischer, líder de los liberales en la Congregación de la Comunidad Judía en Berlín, argumentó en 1929 que "El antisemitismo es el azote que Dios nos envía para conducirnos a la unidad y soldarnos juntos".[203] De nuevo, esto da la razón a las palabras antes citadas del Profesor Cohn Sherbok: "La paradoja de la vida judía es que... sin el antisemitismo podríamos estar condenados a la extinción".[204] Ciertamente, cuán trágicamente tienen ellos razón.

Como luego resultó, Hitler también pensó que el Creador usaba a los nazis para hacer Su trabajo. En *Mein Kampf*, escribió palabras similares a la afirmación antes mencionada de Isabel, reina de España, en el sentido que el Señor castigaba a los judíos por mediación del rey: "La naturaleza eterna inexorablemente cobra venganza de la violación de sus mandamientos. Por ende, hoy creo que estoy actuando conforme a la voluntad del Creador Todopoderoso: al defenderme del judío, estoy luchando por el trabajo del Señor".[205]

Ya que el Creador es la cualidad de amor y otorgamiento, la salida de los judíos de los guetos los expuso a exiliarse de esa cualidad. En consecuencia, en lugar de llevar la solidaridad y la responsabilidad mutua a las sociedades que los albergaban, propagaban la egolatría, que es destructiva para cualquier sociedad y por consiguiente fueron vistos con intolerancia y repulsión poco después de ser aceptados. El filósofo y antropólogo alemán Ludwig Feuerbach, relacionó a los judíos con la egolatría de la siguiente manera, "Los judíos han mantenido su peculiaridad hasta este día. Su principio, su Dios es el principio más práctico en el mundo, es decir el egoísmo. Y lo que es más, el egoísmo bajo la forma de la religión. El egoísmo es el Dios que no permitirá que sus siervos sean avergonzados. El egoísmo es esencialmente monoteísta, pues tiene solo uno, un ser único, como finalidad".[206]

¿Ciertamente, quién recibiría tal amenaza en la sociedad? Es precisamente esa egolatría que provoca que cada nación en la que habitamos piense mejor y a la larga lamente y revoque su apertura.

Fue su unidad y su altruismo lo que hizo posible que los judíos fueran únicos y poderosos en la antigüedad, y como lo hemos demostrado, esto fue lo único que Abraham y Moisés querían entregar al mundo. En un principio, las naciones nos dieron la bienvenida en su seno, inconscientemente a la espera que compartiéramos esa cualidad con ellos. Pero al descubrir que les dábamos lo opuesto, su buena disposición se convirtió en desilusión e ira. Todo el tiempo que continuemos decepcionando a las naciones, seguiremos recibiendo el mismo trato y la tendencia nos muestra que los medios que emplearán para manifestar su decepción serán cada vez más severos.

La tierra de las posibilidades ilimitadas

Una vez consolidado como una fuerza mayor en Alemania, el judaísmo reformado se extendió a Estados Unidos, Hungría y un número de países de Europa Occidental. Esta fue la consecuencia de la emancipación de la judería alemana.[207] Un proceso similar de dispersión ocurrió con el judaísmo conservador[208] y las dos denominaciones se convirtieron en fuerzas religiosas predominantes en la judería de Estados Unidos hacia la mitad del Siglo XVIII.

En *Respuesta a la modernidad: una Historia del movimiento reformista del judaísmo*, el Profesor Michael A. Meyer de HUC, escribe que si bien la reforma judía en Alemania constantemente se tenía que defender tanto del establecimiento ortodoxo arraigado, y de la intervención gubernamental, estos impedimentos no existían en Estados Unidos. "Es verdad, individual y colectivamente, los norteamericanos no estaban libres totalmente del prejuicio", agrega Meyer, pero en Estados Unidos no existía el control del gobierno sobre la religión, ni una iglesia conservadora establecida que sirviera de modelo para la vida religiosa".[209]

Por lo tanto, el judaísmo reformado y conservador encontró en Norteamérica una tierra de posibilidades ilimitadas. La actitud de fusión con el anfitrión, una sociedad predominantemente cristiana, ha hallado al fin un terreno fértil en donde crecer. Según el profesor Meyer, "Los judíos alemanes no podían realmente sentir que fueran socios en la formación del destino de la nación con la que tanto se habían identificado. Estados Unidos era diferente también en este sentido. Al igual que las grandes naciones europeas tenía un profundo sentido de misión, pero esa misión reposaba sobre un destino no solamente no cumplido sino totalmente indeterminado. En Norteamérica, los judíos reformados podían sentir que su propio concepto de misión podía entretejerse dentro de un propósito nacional mucho mayor aun rudimentario".[210]

Ciertamente, con la excepción obvia de Israel, la contribución de los judíos a la configuración de una nación nunca ha sido más sustancial de lo que fue y aún es en Estados Unidos. Ya sea en la economía, el entretenimiento, educación, política y cualquier otro aspecto de la vida norteamericana, los judíos juegan un papel importante, o quizás el principal.

Nunca en toda la historia los judíos habían estado tan bien posicionados para cumplir con la misión para la que fueron elegidos. Están enraizados en todas las áreas de la vida pública norteamericana, y consolidados en los medios que determinan el discurso y la opinión pública. Considerando la predominancia de la cultura americana a nivel mundial, los judíos pueden ahora influir en el cambio que impactaría al mundo entero.

Dicho de otra forma, a pesar del antagonismo hacia Estados Unidos que sienten otras naciones poderosas, la cultura global -y por consiguiente las normas sociales- son aún predominantemente norteamericanas. Las películas importantes llegan desde Norteamérica, la música pop viene principalmente de Norteamérica, los principales medios noticiosos provienen de Norteamérica, y la red de Internet está en manos de compañías norteamericanas como Google, Facebook, Microsoft y Apple. En cierto sentido, Norteamérica es para el mundo lo que Nueva York es para América: si la haces allí, la harás en cualquier lado.

Los judíos norteamericanos, por consiguiente, tienen una responsabilidad mayor en cumplir con su obligación, que cualquier otra judería, tal vez con excepción del estado de Israel. Si la judería norteamericana se une e impulsa los valores de la garantía mutua, el resto de la sociedad norteamericana los seguirá. Hoy en día, muchos norteamericanos entienden que los principios en los que se basó el Sueño Americano ya no son válidos. La egolatría rampante y un excesivo sentido de que "todo me lo merezco" han acabado con todo lo que tenía de bueno la libertad de expresión, para emprender, para trabajar duro y salir adelante y vivir bajo una fe.

Existe tanta violencia, desconfianza, competitividad y explotación dentro de la sociedad norteamericana que a menos que ocurra un cambio trascendente en el corto plazo, la sociedad hará implosión. Y si eso sucede, a los judíos, como siempre, se les culpará de ello. Los argumentos sobre la contribución de los judíos a la ciencia, la cultura y la economía serán desairados y a los ojos de todo el mundo los judíos serán los malhechores evidentes. El antisemitismo latente durante algunas generaciones surgirá con estrépito a la superficie y no se pueden descartar los horrores de la Alemania nazi.

Como hemos visto a través de este libro, los judíos y los no judíos por igual, están muy conscientes de que los judíos son una fuerza especial, una unidad creada para una misión específica. En 1976, la Conferencia Central de Rabinos Americanos (CCAR) adoptó una plataforma a la que se le dio el nombre de "Judaísmo Reformado: una perspectiva centenaria". En esa plataforma la conferencia anunció, "Hemos aprendido que la supervivencia del pueblo judío es la prioridad máxima y que cumpliendo con nuestras responsabilidades como judíos, ayudamos a la humanidad a avanzar hacia su realización mesiánica".[211]

Ciertamente, ahora el pueblo judío es la única nación en donde es posible la cohesión y la subsecuente revelación, alcance (espiritual) y adquisición de la cualidad del Creador, la cualidad de otorgamiento. "Nuestra realización mesiánica", ya sea que los delegados de la conferencia estuvieran conscientes o no, es para que todas las naciones obtengan las cualidades mencionadas y disfruten de sus beneficios. Hasta que no cumplamos con nuestra misión, el mundo continuará culpándonos por toda la adversidad y aflicción que recaerá sobre él. Y cuanto más eludamos nuestra misión, con más dureza nos obligarán a retomarla.

El profeta Jonás debe representar un recordatorio a cada judío que nuestra vocación fue pre-ordenada y no es negociable. Podemos cumplirla voluntariamente y cosechar sus beneficios o la seguimos de mala gana y cosechamos el castigo del mundo como la historia lo ha probado una y otra vez.

Con muy buena voluntad, la sección de la plataforma se titula acertadamente, "Esperanza: nuestra obligación judía". En esa sección la CCAR hace suyo un compromiso supremo "...nuestro pueblo siempre se ha negado a perder la esperanza. Los sobrevivientes del Holocausto, a quienes se les concedió la vida, se apoderaron de ella, la alimentaron y elevándose por encima de la catástrofe, mostraron a la humanidad que el espíritu humano es inquebrantable. El Estado de Israel demuestra que... *un pueblo unido puede salir triunfador en su historia. La existencia del judío es un argumento contra la desesperanza; la supervivencia judía es una garantía de esperanza para la humanidad.*

"Somos los testigos de Dios de que la historia no carece de sentido. Afirmamos que *con la ayuda de Dios el pueblo no es impotente para influir sobre su destino.* Nos dedicamos, como lo hicieron las generaciones de judíos que vinieron antes de nosotros, a trabajar y esperar el día en que, "Nadie hará daño, nadie hará mal en todo mi santo monte *porque la tierra estará llena de conocimiento del Señor como cubren las aguas el mar*" (Isaías 11:9).[212]

Ciertamente la historia, particularmente la historia judía, no carece de sentido. Tiene un propósito educativo: enseñarnos nuestro papel en la vida y mostrarnos el camino correcto y diferenciarlo del camino incorrecto, el sendero feliz y el sendero doloroso. Sin embargo, nosotros elegimos cuál decidimos seguir.

En su Introducción al *Libro del Zóhar*, el cabalista del Siglo XX, Baal HaSulam hace referencia específicamente al papel del pueblo judío en este momento, "Es preciso tener presente que en todo existe la interioridad y la exterioridad. En el mundo en general, Israel, los descendientes de Abraham, Isaac y Jacob son considerados la interioridad del mundo (más cercanos al Creador) y las setenta naciones (el resto de las naciones) son consideradas la exterioridad del mundo... Asimismo, tenemos la interioridad en cada persona de Israel -el Israel interior- que es el punto en el corazón (deseo del Creador, del otorgamiento) y tenemos la exterioridad, las naciones del mundo interiores (todos los otros deseos)...

"Cuando una persona de Israel realza o dignifica su interioridad, que es Israel en esa persona, por encima de la exterioridad, que son las naciones del mundo en su interior... al hacerlo, la persona logra que los hijos de Israel asciendan en su interioridad y ascienda también la exterioridad del mundo. Entonces las naciones del mundo... reconocen y toman conocimiento del valor de los hijos de Israel".

"¿Y si ocurre lo contrario, Dios no lo permita, y un individuo de Israel realza y tiene en estima su propia exterioridad, que constituyen las naciones del mundo dentro de él, más que su Israel interior, como está escrito en Deuteronomio 28:43 'El forastero que vive junto a ti", es decir, la exterioridad de esa persona se eleva y remonta, y tú mismo, la interioridad, el Israel dentro de ti, se hunde? Con estas acciones, el individuo causa que la exterioridad del mundo en general -las naciones del mundo- se remonte a lo alto y venza a Israel, rebajándolos hasta el polvo y que los hijos de Israel, la interioridad del mundo, se hundan hasta el fondo".

"No es de sorprenderse que las acciones de una sola persona causen ascenso o descenso en todo el mundo, ya que es una ley inquebrantable que lo general y lo particular son tan idénticos como dos guisantes en una vaina. Y todo lo que se aplica a lo general, se aplica a lo particular también. Además, las partes constituyen lo que se encuentra en el todo, pues lo general solo aparece después de la aparición de sus partes, según la cantidad y la calidad de las partes. Evidentemente, el valor de una acción de una parte eleva o baja al entero".[213]

Lo que es más, continúa Baal HaSulam: "Cuando una persona incrementa su trabajo en la interioridad de la Torá y sus secretos (esfuerzo por alcanzar al Creador) en esa medida uno consigue que la virtud de la interioridad del mundo (que es Israel) se eleven por encima de la exterioridad del mundo, que son las naciones del mundo. Y todas las naciones admiten y reconocen el mérito de Israel sobre ellos, hasta el cumplimiento de las palabras, 'Tomarán a otros pueblos y llevándoselos a su lugar se los apropiará la casa de Israel sobre la tierra del Señor' (Isaías 14:2) y también 'Así dice el Señor, He aquí que voy a alzar hacia las gentes mi mano, y hacia los pueblos voy a levantar mi bandera: traerán a tus hijos en brazos y tus hijas serán llevadas a hombros' (Isaías 49:22).

"Pero si ocurre lo contrario, Dios no lo permita, y una persona de Israel degrada la virtud de la interioridad de la Torá y sus secretos, que trata de la conducta de nuestras almas y sus grados (alcance del Creador y transmisión de este alcance)... (Las naciones) humillarán y deshonrarán a los hijos de Israel y considerarán a Israel como superfluo, como si el mundo no necesitara de ellos".[214]

Cuando esto sucede, agrega, "la exterioridad del mundo entero, que son las naciones del mundo, se intensifican y anulan a los hijos de Israel: la interioridad del mundo. En tal generación, todos los destructores de entre las naciones del mundo levantan sus cabezas y quieren principalmente destruir y matar a los hijos de Israel, como está escrito (Yevamot 63) 'Ninguna calamidad le acontece al mundo sino por Israel'. Esto quiere decir, como está escrito en las anteriores correcciones, que ellos causan la pobreza, la destrucción, el robo, el asesinato y la destrucción de todo el mundo".[215]

En conclusión, si llevamos a cabo nuestro papel y transmitimos la luz de la benevolencia al mundo, la cualidad del Creador, la interioridad a la que se refiere Baal HaSulam, entonces la interioridad de las naciones del mundo, los justos de las naciones del mundo, dominarán y subyugarán su exterioridad, que son los destructores. Y la interioridad del mundo, también, que es Israel, se levantará con todo su mérito y virtud sobre la exterioridad del mundo, que son las naciones. Entonces todas las naciones del mundo reconocerán y admitirán el mérito de Israel sobre ellos.

"Y se cumplirán las palabras de Isaías 14:2, "Tomarán a otros pueblos y llevándoselos a su lugar se los apropiará la casa de Israel sobre la tierra del Señor'. Y también 'Así dice el Señor, 'He aquí que voy a alzar hacia las gentes mi mano, y hacia los pueblos voy a levantar mi bandera: traerán a tus hijos en brazos y tus hijas serán llevadas en hombros' (Isaías 49:22).[216]

Parece una tarea muy pesada que un número tan reducido de personas pueda marcar una diferencia tan grande en el mundo, pero a decir verdad, el éxito o el fracaso de nuestros esfuerzos depende de una sola cosa: nuestra unidad. Y de esta forma, para recordarnos el papel trascendental que tiene la unidad en nuestro triunfo como nación y el triunfo de nuestra misión, el siguiente capítulo estará dedicado a las palabras de nuestros sabios a través de los tiempos, revelándonos sus pensamientos acerca de la unidad. Posteriormente, examinaremos los medios con los que podemos alcanzar esa unidad.

8

Juntos por siempre

Como se ha venido exponiendo a lo largo del libro, la unidad ha sido el "seguro" de Israel contra todo mal, la panacea máxima. Y sin embargo, hasta ahora nuestra egolatría ha evolucionado a tal grado que ya no podemos sostener la unidad a menos que nuestra supervivencia dependa de ello. Amigos y enemigos por igual han tomado nota de esta culpa.

En un documento publicado en junio de 1940, Baal HaSulam señalaba que nuestras dificultades provenían de la falta de unidad. Escribía que somos, "como un montón de nueces, unidas en un solo cuerpo desde fuera por un costal que las contiene y las amontona".[217] Sin embargo continúa, "Esa medida de unidad no los convierte en un cuerpo uniforme, y el más leve movimiento del costal provoca confusión y separación entre ellas, por lo que llegan a constantes unificaciones y separaciones parciales. Todo lo que falta es la unificación natural desde dentro y el poder de su unidad deriva de las situaciones exteriores. En lo que nos toca, es un asunto muy doloroso".[218]

En el capítulo 5 mencionamos en un ensayo de Baal HaSulam, *Hay un cierto pueblo*, en el que escribe que Hamán confiaba en la separación de los judíos como la clave para triunfar sobre ellos. Hamán sabía que la separación entre ellos significaba que también estaban separados del Creador, la cualidad de otorgamiento, la fuerza que crea la realidad. Por esta razón, Hamán creía que podía explotar esta debilidad de los judíos para vencerlos. Muy a su pesar, Mordejai percibió el peligro al igual que Hamán y "fue a corregir esta falla, como se explica en el versículo "los judíos se congregaron'... para que 'pudieran reunirse y salvar sus vidas'. Esto es, se salvaron uniéndose".[219]

Un Hamán más contemporáneo, Adolfo Hitler, también advirtió la característica de unidad de los judíos y observó la carencia de ella entre nosotros ahora. En *Mein Kampf*, Hitler escribió, "El judío solo se une cuando un peligro común lo fuerza a hacerlo, o un botín común lo atrae; si estas dos condiciones faltan, las cualidades del egoísmo más burdo llegan por sí solas, y en un abrir y cerrar de ojos el pueblo unido se convierte en una manada de ratas, que lucha sangrientamente entre ellas".[220]

Por consiguiente antes de discutir cómo podemos alcanzar la unidad y de esta forma prevenir futuras calamidades como las que ha experimentado nuestro pueblo a lo largo de las generaciones, dedicaremos este capítulo a los fragmentos de rabinos y eruditos judíos de todas las épocas. Esto nos recordará el convenio obligatorio referente a la importancia suprema de la unidad y la solidaridad. Ya que nuestra sustancia esencial es el deseo de recibir, para lograr la unidad, es vital ante todo que queramos unirnos -aunque sea tan solo como un escudo contra las aflicciones- antes de que procedamos a establecerla. A continuación, algunas inspiradoras palabras de nuestros sabios:

Unidad, el corazón y alma de Israel

A pesar de que Beit Shamai and Beit Hillel estaban peleados, se trataban con afecto y amistad, para cumplir con lo dicho (*Zacarías 8*), "Ama la verdad y la paz".

Talmud Babilónico, Yevamot, Capítulo 1, p 14b

En Israel se encuentra el secreto de la unidad del mundo. Por esto se les llama "hombres".

Rabí Abraham Yitzhak HaCohen Kuk (Raiah), Orot HaKodesh [Luces de santidad], Vol. 2, p 415

Quedó establecido en el Monte Sinaí que los hijos de Israel se convertirían en una nación. Por eso está escrito, "Yo", en singular porque en la medida de la unidad entre ellos, Su Santidad está presente en los hijos de Israel.

Yehuda Leib Arie Altar (ADMOR de Gur), Sefat Emet [Labios veraces], VaYikra [Levítico], Parashat BaHar [Porción, En el monte], TARLAV (1893)

Se sabe que desde la perspectiva de la mente, cada persona es un individuo... pero desde la perspectiva del corazón, existe la unidad en Israel.

Rabí Shmuel Bornstein, Shem MiShmuel [Un nombre de Samuel], Éxodo,
TAR'AH (1915)

Cuando Israel entró a la tierra, eran completamente una nación. La evidencia de ello es que todo el tiempo que Israel no cruzó el Jordán y no llegaron a la tierra, no fueron castigados... hasta que cruzaron y se volvieron responsables uno del otro.

Por consiguiente, Israel no se volvieron responsables unos de otros porque uno es llamado *Arev* (garante/responsable de) cuando uno está *Meorav* (mezclado/incorporado) con otro, e Israel no se conectó para ser enteramente una nación hasta que llegaron a la tierra y estaban juntos en la tierra y tenían un lugar, la tierra de Israel. Y a través de la tierra de Israel, son completamente una nación.

Juda Loewe ben Bezalel (El Maharal de Praga), Caminos eternos, Camino de justicia," Capítulo 6

Debido a que las 600,000 almas de Israel están todas entrelazadas una a la otra como una cuerda tejida, unidas como una sin separación, si se sacude un extremo de la cuerda estirada, se sacudirá toda ella. Por lo tanto, si un hombre comete pecado, la ira caerá sobre toda la congregación. La razón es que todo Israel es responsable uno de otro.

El que mancha, mancha todas las almas de Israel, hasta que vuelve a enmendar lo que ha corrompido en su alma... Quiere decir que ya que las partes se relacionan una a la otra, no se separarán.

Rabí Eliyahu Di Vidash, Principio de sabiduría, Puerta del temor, Capítulo 14

El alma asciende y se completa principalmente cuando todas las almas se mezclan y se convierten en una sola, pues entonces ascienden hacia la santidad, pues la santidad es una... Por consiguiente, primero, uno debe tomar sobre sí mismo el mandamiento "Ama a tu prójimo como a ti mismo", como nuestro Rav escribió que es imposible pronunciar palabras de oración, si no es a través de la paz, cuando uno se conecta a todas las almas de Israel.

Rabí Nathan Sternhertz, Likutey Halajot [Colección de reglas], Reglas de la sinagoga, Regla 1

A pesar de que los cuerpos de todo Israel están divididos, sus almas son una unidad única en la raíz... Es debido a esto que a Israel se le ordena la unidad de los corazones, como está escrito, "E Israel acampó allí", en singular (en hebreo) lo que significa que eran consecuentes abajo, es decir que tenían unidad.

Rabí David Solomon Eibenschutz, Sauces del arroyo, Nasso [Toma]

No se entregó la Torá (la Ley de Otorgamiento) a Israel sin que hubieran adquirido una unidad completa, como escribimos respecto al versículo (Éxo*do 19:2*), "Allí acampó Israel frente al monte". Tampoco Moisés recibiría nada, como dicen nuestros sabios (*Berajot [Bendiciones], 32a*) que el Creador dijo a Moisés refiriéndose al cordero, "Baja de tu grandeza, pues Yo te he dado tu grandeza solamente por Israel".

Rabí Moshe Alsheich, La ley de Moisés, acerca de Deuteronomio, 33:4-5.

Cuando Israel tiene unidad, su alcance (espiritual) no tiene límite.

Rabí Elimelej Weisblum of Lizhensk, Noam Elimelej [La bondad de Elimelej], Pinjas

"Jerusalén construida cual ciudad sólidamente unida" (*Salmos 122:3*), una ciudad que hace amigos a todo Israel.

Talmud de Jerusalén, Hagiga, Capítulo 3, Regla 6

"Ustedes, los amigos que están aquí, tal como estaban antes con afecto y amor, en adelante no se apartarán uno del otro, hasta que el Señor se alegre por ustedes y anuncie la paz sobre ustedes. Y a través de su mérito habrá paz en el mundo como está escrito, "Hablaré por mis hermanos y amigos, 'Que la paz sea con ustedes'".

Rabí Yehuda Ashlag (Baal HaSulam), El libro del Zóhar con el Comentario Sulam, Ajarei Mot [Después de la muerte], Ítem 66

Unidad; la salvación de Israel

La primera defensa en contra de la calamidad es el amor y la unidad. Cuando hay amor, unidad y amistad entre todos en Israel no hay calamidad que pueda sobrevenirles... Incluso si adoran ídolos, pero si están unidos entre ellos, y no existe separación en sus corazones, tienen paz y tranquilidad y no a Satán o algún maligno y todas las maldiciones y los sufrimientos son eliminados por esa (unidad).

Este es el significado de lo dicho, "Aquí están hoy todos ustedes". (Éxodo 29:9) Quiere decir que a pesar de que han oído los golpes del pacto escritos en antecedente, de cualquier forma están aquí hoy y tendrán un renacimiento a través de sus jefes, jueces, ancianos, escribas y todos los hombres de Israel que tienen todos un solo corazón y con amor... A través de la unión podrán caminar a través de los golpes y no podrán alcanzarlos o dañarlos en absoluto.

"Para hacer de ti hoy Su pueblo", (Éxodo 29:9) significa que con esto tendrás un renacimiento, serás salvado de las calamidades. Después les dijo, "Y no solo con ustedes hago Yo esta alianza", (Éxodo 29:13) es decir que salvarse del daño mediante la unión no fue una promesa solamente para la generación de Moisés. Más bien, "sino que la hago tanto con quien está hoy aquí con nosotros... como quien no está aquí hoy con nosotros", es decir que se les prometió a todas las futuras generaciones, para pasar a través de todos los golpes del pacto y que no serán dañados, debido a la unidad y la vinculación que existirá entre ellos.

Rabí Kalonymus Kalman Halevi Epstein, Maor VaShemesh [Luz y sol], Nitzavim [Presentes].

Se nos ordena en cada generación fortalecer la unidad entre nosotros para que nuestros enemigos no gobiernen sobre nosotros.

Rabí Eliyahu Ki Tov, El libro de la consciencia, Capítulo 16

El Señor le dijo a David: "Cuando las dificultades se abaten sobre Israel debido a sus iniquidades, que vengan ante Mí con una asociación y confiesen sus iniquidades ante Mí... Cuando Israel se reúne delante de Mí y están delante de Mí en una sola asociación y pronuncian ante Mí una plegaria de perdón, se las concederé".

Tanna Devei Eliyahu Zuta, Capítulo 13

"Cuando uno se integra con todo Israel y se realiza la unidad, el Señor está presente en la unidad. En ese momento ningún dañó te acontecerá".

Rabí Menahem Nahum of Chernobil, Maor Eynaim [Luz de los ojos], VaYetzeh [Y Jacob salió]

"Cuando Israel se pelean y de cualquier forma existe la unidad entre ellos, entonces la unidad es más valiosa. Es debido a esto que "Moab tenía mucho miedo de la gente", pues a pesar de que peleaban, siguen siendo "Él" y por ende "el gran temor"".

Rabí Moshe Taitelboim, Yishmach Moshe [Que Moisés se regocije], Balak, p 71b

"Por lo tanto dijo, "Hijos de Jacob, congréguense y escuchen", precisamente, "congréguense" pues él les reveló que el elemento principal de la corrección es el consejo de agruparse, es decir que exista unidad, amor y paz en Israel, que se reúnan para hablar entre ellos acerca del propósito final. De esta forma serán merecedores de la completitud del consejo, pues Israel y la Torá (Ley del otorgamiento) son uno, en la medida de la paz y la unidad en Israel".

Rabí Nathan Sternhertz, Likutey Halajot [Colección de Reglas], "Reglas del 9 de Av y ayunos," Regla no. 4

"Por lo tanto, Israel será una congregación santa y una asociación, como un hombre con un corazón. Entonces cuando la unidad restaure a Israel como antes, el Satán no tendrá un lugar para colocar el error y las fuerzas externas. Cuando ellos son como un hombre con un corazón, son como una muralla fortificada contra las fuerzas del mal".

Rabí Shmuel Bornstein, Shem MiShmuel [Un nombre de Samuel], VaYakhel [Y Moisés reunió], TAR'AV (1916)

"Esta es la garantía mutua en la que Moisés trabajó tan duro antes de su muerte, para unir a los hijos de Israel. Todo Israel son garantes entre ellos (responsables unos de otros) es decir que cuando todos están juntos, solo ven el bien".

Rabí Simja Bonim Bonhart of Peshisja, Una voz que transmite, Parte 1, Balak

"Todas las almas de Israel están en unión completa y en el mismo nivel, como una caravana que se desplaza en el desierto entre bestias malvadas con armas y otras tácticas, pero las bestias malvadas tienen miedo de acercarse. Pero cuando se desplazaron del lugar en el que habían acampado, y un hombre se quedó atrás solo, rápidamente le dieron muerte los animales pues se había separado de su grupo".

Rabí David Solomon Eibenschutz, Sauces del arroyo (Relacionado a Rosh Hashanah cuando cae en Shabat)

"El fundamento de la maldad del perverso Hamán, sobre el que había basado su petición al rey para que le vendiera a los judíos... es lo que empezó a argumentar, "Hay un pueblo disperso y diseminado" (*Ester 3:8*). Manifiesta su impureza diciendo que la nación merece ser destruida, pues la separación reina entre ellos, están llenos de disensión y conflicto y sus corazones están separados uno del otro. Pero, Él puso la curación antes del golpe (tomó medidas preventivas)... apremiando a Israel a unirse y adherirse uno al otro, ser como uno, como un hombre y eso los salvó, como en el versículo "Ve y reúne a todos los judíos"".

Rabí Azarya Figo, Bina Leitim [Entendimiento por ocasiones], Parte 1, Sermon 1 para Purim

"Debido a su pecado, esa fuerza de unión les fue arrebatada a los malvados y entregada a los hijos de Israel... Esta es la gran misericordia que debemos recordar siempre. Asimismo, debemos confiar en ella porque nuestra intención es buena, tenemos la certeza de triunfar ya que la fuerza de unidad... nos asiste.

El asunto de la unidad social, que puede ser fuente de toda alegría y triunfo, se aplica particularmente entre los cuerpos y las cuestiones corporales en las personas y la separación entre ellas es el origen de toda calamidad y desgracia".

Rabí Yehuda Ashlag (Baal HaSulam), Los escritos de Baal HaSulam, La Libertad p 426

La unidad significa redención

"Elías viene solo a corregir la deficiencia que estaba presente en el momento de su llegada. Es por esto que Elías viene principalmente a dirimir una disputa, pues esto ciertamente une y amarra a Israel como uno solo, hasta que sean merecedores de la redención del exilio. Esto es así porque Israel no es redimido del exilio hasta que es completamente uno, como dice en *Midrash*, que Israel no es redimido hasta que no es solo uno".

Juda Loewe ben Bezalel (el Maharal de Praga), Innovaciones de las leyendas, Parte 4, Masejet Matrimonio, p 63

"Es una cosa maravillosa que los dos profetas profeticen una profecía significativa respecto a la hora de la redención, "Y les daré un corazón" (*Jeremías, 32:39, Ezequiel, 11:19*). Ciertamente, ellos sabían lo que profetizaban; el demonio de la separación del corazón ha estado acechando a nuestra nación desde tiempos inmemoriales".

Abraham Kariv, Atarah LeYoshnah [Restaurando la antigua gloria], El estado y el espíritu p. 251

"Está claro también que el enorme esfuerzo requerido de nosotros en el accidentado camino por delante, requiere de una unidad tan fuerte y tan sólida como el acero, de todas las facciones de la nación sin excepciones. Si no salen en rangos unidos hacia las poderosas fuerzas que se hallan en nuestro camino, entonces estamos perdidos antes de haber empezado".

Rabí Yehuda Ashlag (Baal HaSulam), Los escritos de Baal HaSulam, La Nación p 487

9

Hablando en plural

La persecución y el antisemitismo, o el término más contemporáneo, *judeofobia*, han sido la porción de nuestro pueblo durante (al menos) los últimos dos siglos. Y sin embargo, como lo hemos visto a lo largo de este libro, el odio a los judíos no surgió de la nada. Está arraigado en la exigencia fundamental, aunque generalmente inconsciente en todo ser humano, que los judíos deben conducirlos a la materialización del propósito de la vida: recibir deleite y placer sin límite.

Hasta ahora hemos discutido el propósito y el papel de la nación judía y la razón de nuestra angustia a través de las épocas. En adelante examinaremos los principios que necesitamos seguir para llegar a nuestra meta, que coincide con la meta de la humanidad.

Aspirando a la superioridad

En el Capítulo 2 presentamos las palabras de nuestros sabios acerca de los deseos fundamentales que son la base de la creación, y los cuatro niveles que constituyen el deseo de recibir. Brevemente, dijimos que la realidad consiste de un deseo de otorgar placer y un deseo de recibirlo. Aprendimos de estos sabios que el deseo de recibir placer se divide en cuatro niveles conocidos como: inerte, vegetal, animado y hablante. Sin embargo, sigue siendo esencialmente un deseo que se viste con diversos atuendos en sus diferentes niveles de desarrollo.

Por ejemplo, el deseo primario, básico, de la existencia es sostenerse uno mismo. En el nivel humano, ese deseo aparecería como contentarse con un refugio, aunque sea una cabaña de cartón corrugado, los medios para mantener el calor, el vestido y el alimento. Este es el nivel inerte del deseo. Al igual que los materiales inanimados que guardan sus átomos y moléculas juntos pero no hacen otra cosa, este tipo de persona querrá solo sostenerse, al parecer "conservando sus átomos y moléculas juntas" y muy poco más.

En el nivel vegetal del deseo, la persona querrá mantenerse al mismo nivel que todos. Como todas las plantas que florecen y se marchitan al mismo tiempo, estas personas querrán ser como todos en su población o ciudad, o seguir las últimas tendencias que aparecen en la televisión.

Si todos son pobres, esa persona no se sentirá pobre en tanto su modo de vida esté a la par con el de su entorno social. Y si la nueva tendencia de la moda es usar el zapato izquierdo en el pié derecho y viceversa, la persona en el nivel vegetativo se sentirá más cómoda usando el zapato equivocado en el pie equivocado, siempre y cuando siga la corriente de las tendencias prevalecientes de la moda.

La persona en el nivel animal se diferencia de la que se encuentra en el nivel vegetal porque empieza a querer expresarse. Esta persona no se conforma con ser como todos los demás, sino que necesita establecer su propia individualidad. En su mayoría, este nivel produce una mayor creatividad y diferenciación en todo asunto elegido por esta persona.

El nivel hablante (humano) es el más complejo y espinoso. Aquí ya no es suficiente expresarse. En este nivel, el deseo es ser superior. Este es el deseo que obliga a las personas a buscar el reconocimiento especial, inclusive único. En otras palabras, en ese nivel constantemente nos comparamos con los otros.

Lo que es más, en estos días no podemos contentarnos con ser el mejor en algo; luchamos por ser el mejor de todos los tiempos. Piensen en las estadísticas deportivas que escuchamos a diario: la ambición de Michael Phelps por romper el récord de Mark Spitz de siete medallas de oro en natación en los Juegos Olímpicos de 1972, o los jugadores de básquetbol que se comparan a Michael Jordan, o la aspiración de Roger Federer por continuar ganando títulos tenísticos, a pesar de que ya ha ganado más torneos de Gran Slam que cualquier otro en la historia. Y sin embargo, está descontento porque no ha ganado una medalla olímpica.[221]

Los deportes pueden ser un ejemplo notable, pero ciertamente no es la excepción, sino más bien la norma. La película que ha ganado más dinero en su semana de estreno, el álbum que ha vendido más copias, la empresa que vende más teléfonos/computadoras/autos; competencia y comparaciones en todos los ámbitos. Pregunten a un estudiante de secundaria, "¿Te va bien en la escuela?" y la respuesta probable será "Estoy en los cinco primeros de la clase" (suponiendo que han preguntado a un buen estudiante). Por lo tanto, ser el mejor ya no es suficiente; la superioridad se ha convertido en el lema de nuestra existencia. Le damos el nombre de "ser alguien". Ser yo mismo no es suficiente; si no soy alguien, no soy nadie.

Tenemos una historia jasídica sobre Rabí Meshulam Zusha de Hanipol (Anipoli), hermano del reconocido Rabí Elimelej of Lizhensk, uno de los fundadores de la Jasidut. Rabí Zusha solía decir, "Cuando vaya al cielo, si me preguntan 'Por qué no fuiste Elimelej (el respetado hermano de Zusha) sabré qué decir.[222] Pero si me preguntan 'Por qué no fuiste Zusha' no sabré qué decir". La moral está clara: sé tú mismo y realiza tu potencial; eso es lo que necesitas hacer en la vida.

Pero Rabí Zusha vivió en el Siglo XVIII. Hoy en día, esta moral no sería aceptable porque lo que importa no es quién eres, sino quién eres en comparación con los demás, tu posición en la división de porcentajes de clases. Cuando el lema principal de la sociedad es tan enajenante y antisocial, no es de extrañarse que nuestra sociedad se esté desintegrando.

Desde Yo, hasta Nosotros, hasta Uno

Con nuestro conocimiento moderno de la naturaleza humana, no podemos evitar esta actitud competitiva y alienante porque proviene de nuestro interior, un dictado del cuarto nivel hablante del deseo y no podemos detener la evolución de los deseos, así como no podemos detener la evolución de toda la Naturaleza. Además, si queremos alcanzar el propósito de la creación que es llegar a ser similares al Creador, necesitamos un deseo muy sólido así como el combustible que nos impulse a ir hacia adelante, lo que significa que no debemos disminuir o inhibir nuestros deseos pues de hacerlo nunca alcanzaríamos el propósito de la vida.

Y sin embargo, el que no podamos detener el crecimiento de nuestros deseos egocéntricos, no significa que debemos rendirnos ante el agravamiento de las relaciones humanas en todos los niveles. Nuestra sociedad no tiene que descender hasta el punto de tener que abastecernos de provisiones, protegernos y pasar desapercibidos esperando que ocurra un milagro que nos salve de nuestros semejantes.

De hecho, incluso si elegimos intentar atrincherarnos, la dolorosa historia de nuestra nación nos indica y la ley de la Naturaleza dicta que las naciones no nos permitirán permanecer pasivos. Cuando sobrevengan los conflictos, tenemos la certeza de que los judíos serán culpados nuevamente y en consecuencia atormentados, incluso peor que nunca. Sin embargo, a diferencia de las terribles experiencias pasadas, hay mucho que podemos hacer para prevenir que esto suceda.

Llamar al primer "Guerrero-Ego"

Cuando los deseos del nivel hablante surgieron como egolatría, Babilonia estaba en su apogeo, y Abraham era quien se enfrentaba a resolver el misterio del ocaso social de su pueblo. Sus connacionales estaban tan enfrascados en la construcción de su torre que abandonaron completamente su camaradería. Ya no eran "de un mismo lenguaje e idénticas palabras" (Génesis 11:1), todo lo que les preocupaba era la torre.

El libro, *Pirkey de Rabí Eliezer (Capítulos de Rabí Eliezer)*, describe la consternación de Abraham por la nueva pasión de su pueblo: "Rabí Pinjas dice que allí no había piedras (en Babilonia) para construir la ciudad y la torre. ¿Qué hicieron? Fabricaron ladrillos y los cocinaban como los artesanos hasta que la erigieron (la torre) de siete millas de alto. Los que cargaban los ladrillos subían por la cara Este y los que bajaban lo hacían por la cara Oeste. Y si un hombre caía y moría nadie se preocupaba por él. Pero si un ladrillo caía, se sentaban y gemían diciendo, ¿Cuándo nos traerán otro en su lugar? Cuando Abraham, el hijo de Téraj, que pasaba por ahí, los observó construyendo la ciudad y la torre, los maldijo en el nombre de Dios".[223]

Pero Abraham hizo más que maldecir a los constructores. Primero intentó enmendar la desavenencia y reunir de nuevo a su pueblo. *Midrash Rabá* nos dice que Abraham juntó a todas las personas del mundo,[224] y Rabí Behayei Ben Asher nos dice cómo expuso la simulación de los poderes supremos de Nimrod. En su *Midrash Rabeinu* [nuestro Rav] Behayei escribe, "(Nimrod), le dijo 'Yo creo el cielo y la tierra con mi poder'. Abraham respondió '...cuando salía de la cueva vi que el sol se levantaba en el Este y se ponía en el Oeste. Haz que se levante en el Oeste y se ponga en el Este y me inclinaré ante ti. Pero si no, el que le dio el poder a mi mano para quemar las estatuas, me dará el poder y te mataré'. Nimrod dijo a sus consejeros, '¿Cuál será la sentencia para éste?' Ellos replicaron, 'Él es de quien dijimos, 'Una nación saldrá de él y heredarán este mundo y el mundo por venir'. Y ahora que se haga con él igual que la sentencia que él dictó. De inmediato, lo lanzaron al horno. En ese momento el Señor lleno de misericordia por él, lo salvó como está escrito, 'Yo soy el Señor que te sacó de Ur de los Caldeos'".[225]

Después de su encendido debate con el rey, Abraham tomó a su familia, a sus estudiantes y sus posesiones y huyó de Babilonia. A lo largo del camino, agregó a las personas que estaban de acuerdo con su mensaje a su comitiva. "Cuando tengas frente a ti a la egolatría, únete por encima de ella". En otras palabras, cuando el odio irrumpe entre los amigos, impónganse la meta de revelar al Creador -la cualidad de otorgamiento, la fuerza fundamental que crea la realidad- más importante que las partes rivales, y de esta forma únanse por encima de la rivalidad. Los beneficios de tales reacciones son una mayor unidad, la posterior adquisición de la cualidad de otorgamiento a través de los antiguos adversarios y en consecuencia, la revelación del Creador.

La frase anterior describe la esencia de la fusión, la forma de remendar las desavenencias, que Abraham intentó entregar a sus paisanos. Y esa esencia, la unidad por encima de las diferencias incrementa la cohesión y (si lo desean) revela al Creador; nunca ha cambiado. De hecho, nunca cambiará pues es la Ley de Otorgamiento de la Naturaleza.

Como destacamos en la Introducción de este libro, el grupo de Abraham logró la unión y se convirtió en el pueblo de Israel, una nación cuya característica común es el deseo por el Creador. A través de la unidad, por encima de las diferencias, como explicamos en el Capítulo 1, Israel desarrolló un método para pasar el modo de pensar del individuo de la modalidad "Yo" a la modalidad "Nosotros" y de esta forma percibir al "Uno", el Creador.

De esta forma, mientras Israel iba de fuerza en fuerza empleando la unidad sobre la egolatría, el resto del mundo experimentaba episodios de flujo y reflujo: los imperios se elevaban y caían y la cultura hedonística y autoindulgente asumía el predominio. Por esta razón, incluso hoy en día, en la era más hedonista, el monoteísmo de Abraham es la noción preponderante de la Deidad, mientras que la Torre de Babel es un símbolo de soberbia y necedad.

Es por esto que los únicos que pueden educar al mundo para ser tan sabios como Abraham son quienes fueron sus discípulos, los hijos de Israel, conocidos en el mundo como judíos. Esta sabiduría fue el legado de Abraham para ellos y transmitirla como él lo hizo es su obligación con el mundo.

El legado que el guerrero dejó a su progenie

Hoy en día, suficientes personas entienden que el único camino para evitar una catástrofe global es la unión. Se le podrá dar otros nombres, como colaboración, coordinación o consideración, pero cualquiera que sea el término, es justo decir que ya entendemos que somos interdependientes e estamos interconectados. Esta realidad crea una situación en la que de facto estamos en todos los sistemas globales. Sin embargo, en la medida de nuestra conexión, también estamos emocionalmente enajenados y resentidos por la situación.

Una manera de resolver el contraste sería tratar de des-globalizarnos. Si bien no hay duda que romper la cadena de abastecimiento de los países en desarrollo y producir todo al interior de los propios países crearía retos económicos y financieros masivos, hay algunos que dicen que valdría la pena pagar el precio. Tal vez, pero positivo o no, nadie niega que el aislamiento tendría un costo muy alto. Además, en la opinión de muchos, esta noción es completamente irrealista. El economista Mark Vitner es uno de los que piensa que intentar desatar la interconexión global es como "tratar de que los huevos revueltos vuelvan a su estado original. Simplemente no es tan fácil hacerlo".[226]

La opción opuesta a la des-globalización sería abrazar la globalización, expandirla, coordinarla, perfeccionarla y al mismo tiempo aprender a simpatizar con todos para que todos nos beneficiemos de la prosperidad. Todo lo que necesitamos para lograrlo es el método para cambiar nuestro modelo de pensamiento, del Yo (enfocado en mí mismo), al Nosotros (enfocándome en la gente), al Uno (enfocándome en la sociedad como una sola entidad).

Hoy, a casi 4,000 años de la huída de Abraham de Babilonia, el mundo está preparado para escuchar. Todos hemos sufrido bastante, y ya todos somos muy inteligentes como para creer que podemos salir adelante solos, que podemos decirle a la Madre Naturaleza, es decir a Dios, que no la necesitamos porque somos más fuertes y sabios.

¿Por qué construir una sociedad que pregona la cohesión?

En el Capítulo 1, discutimos el concepto de "la equivalencia de forma", diciendo que si somos similares a algo, podemos verlo, identificarlo, revelarlo. Será más fácil entender el concepto si consideramos cómo funcionan los receptores de radio. Un receptor puede captar las ondas solo cuando se crean ondas idénticas. De igual forma, detectamos las cosas que existen aparentemente afuera de nosotros, pero solamente conforme a lo que hemos creado en nuestro interior. Es de esta forma que descubrimos al Creador, la cualidad de otorgamiento, al crear esa cualidad dentro de nosotros, y por ende descubriéndola fuera de nosotros.

Es este principio, "la equivalencia de forma", que logró que el método de Abraham fuera tan eficiente. Su grupo creo esa cualidad entre ellos y por lo tanto descubrieron al Creador. Esto es, al pasar de la modalidad Yo, a la modalidad Nosotros, descubrieron la modalidad Uno, el Creador, la única modalidad que realmente existe.

En el mundo de hoy, obtener la cohesión social es de suma importancia para nuestra supervivencia. Podríamos considerar que la revelación del Creador es un "accesorio", si no fuera por el hecho de que el Creador es la cualidad de otorgamiento, un rasgo sin el cual nunca conseguiremos la unidad y por ende nunca arreglaremos la brecha global que amenaza con forzar al mundo a una confrontación global. Es por esto que es vital que seamos expeditos en la diseminación del método de Abraham para alcanzar la unidad a través de la equivalencia de forma.

Para lograrlo primero debemos abandonar la creencia generalizada en nuestra sociedad: la idea de que tenemos "libre albedrío". La ciencia nos demuestra que no existe tal cosa, al menos no como normalmente la imaginamos: que hacemos lo que queremos hacer eligiendo libremente. En años recientes, se han ido amontonando los datos que certifican nuestra dependencia en la sociedad. Estos estudios nos revelan que no solo nuestro sustento depende de la sociedad, sino hasta nuestros pensamientos, aspiraciones y posibilidades de éxito en la vida. De hecho, incluso la definición misma de éxito está sujeta a los caprichos de la sociedad. Y para finalizar, en gran medida, nuestra salud física es afectada en forma significativa la sociedad.

El 10 de septiembre de 2009, el New York Times publicó una historia intitulada: *¿Tus amigos te hacen engordar?*, por Clive Thompson.[227] En su narración, nos describe un experimento fascinante llevado a cabo en Framingham, Massachusetts. En el experimento, que más tarde fue publicado en el famoso libro *Connected: The Surprising Power of Our Social Networks and How They Shape Our Lives - How Your Friends' Friends' Friends Affect Everything You Feel, Think, and Do* (*Conectados: El sorprendente poder de nuestras redes sociales y cómo moldean nuestras vidas - C*ómo los amigos de tus amigos afectan todo lo que sientes, piensas y haces); las vidas de 15,000 personas fueron documentadas y registradas periódicamente durante más de cincuenta años. El análisis de los datos realizado por los Profesores Nicholas Christakis y James Fowler, revelaron asombrosos descubrimientos acerca de cómo nos afectamos unos a otros en todos los niveles -físico, emocional y mental- y cómo las ideas pueden ser tan contagiosas como los virus.

Christakis and Fowler descubrieron que existía una red de interrelaciones entre más de 5,000 de los participantes. Observaron que en la red, las personas se afectaban recíprocamente. "Analizando los datos de Framingham", escribió Thompson, "Christakis y Fowler dicen que por primera vez han encontrado la base sólida de una teoría potencialmente poderosa en epidemiología: que la conductas buenas -como dejar de fumar o estar delgado o ser feliz- pasan de un amigo al otro casi como si fueran virus contagiosos. Los participantes de Framingham, sugerían los datos, tenían influencia en la salud de los otros tan solo socializando. Y lo mismo se aplicaba a las conductas negativas; racimos de amistades parecían infectarse con obesidad, desdicha o fumar. Al parecer, permanecer saludables no es tan solo un asunto de genética o de dieta. La buena salud también es en parte producto de la cercanía con personas saludables".[228]

Todavía más sorprendente fue el hallazgo de los investigadores de que estas infecciones podían brincar entre las conexiones. Revelaron que las personas podían afectarse entre ellas incluso sin conocerse. Además Christakis and Fowler hallaron evidencias de esta influencia incluso en tres grados de separación (el amigo de un amigo de un amigo). En las palabras de Thompson, "Un residente de Framingham tenía un 20% más de probabilidades de volverse obeso, si el amigo de un amigo se volvía obeso, incluso si el amigo mutuo no engordaba un gramo. Ciertamente el riesgo que tenía una persona de ser obesa subía un 10% si el amigo del amigo del amigo subía de peso".[229]

Citando al Profesor Christakis, Thompson escribió, "De alguna forma empezamos a entender las emociones humanas, como la felicidad, en la forma como estudiaríamos una estampida de búfalos. No le preguntas a un búfalo, '¿Por qué corres hacia la izquierda?' La respuesta es que toda la manada corre hacia la izquierda".[230]

Pero el contagio social va más allá de vigilar el peso o las condiciones cardíacas. En una conferencia que aparece en TED, el profesor Christakis explicó que nuestras vidas sociales y por ende -a juzgar por los párrafos anteriores- gran parte de nuestra vida física, depende de la calidad y el poder de nuestras redes sociales y todo aquello que corre por las venas de dicha red. En sus propias palabras, "Creamos redes sociales porque los beneficios de una vida conectada sobrepasan los costos. Si yo fuera violento contigo... o te provocara tristeza... cortarías los lazos que te unen a mí y la red se desintegraría. Por consiguiente, la diseminación de temas buenos y valiosos es imperativa para nutrir las redes sociales. De igual forma, necesitamos las redes sociales para difundir los valores buenos y valiosos como el amor, la bondad, la felicidad, y el altruismo, y las ideas... Creo que las redes sociales están fundamentalmente relacionadas con la bondad y creo que el mundo necesita ahora más conexiones".[231]

Pero no solo nos afectan las personas que nos rodean. Recibimos una influencia significativa de los medios, de la política, tanto nacional como internacional y nos afecta la economía. En el libro *Runaway World: How Globalization Is Reshaping Our Lives* (*Un mundo fuera de control, la globalización está remodelando nuestras vidas*), el reconocido sociólogo Anthony Giddens, en forma sucinta pero precisa, nos describe nuestra conectividad presente y nuestro desconcierto: "Para bien o para mal estamos siendo propulsados a un orden global que nadie entiende muy bien, pero que hace sentir sus efectos en todos nosotros".[232]

En los últimos años, el mundo corporativo se ha percatado de esta noción y una abundancia de entrenamientos y cursos han aparecido en Internet, que ofrece aprovechar la nueva tendencia: contagio social. En *Homo Imitans: The Art of Social Infection: Viral Change in Action*, (*Homo Imitans: el arte del contagio social: el cambio viral en acción*), el psiquiatra y consultor corporativo en materia de liderazgo, el doctor Leandro Herrero, ofrece un divertido resumen de la naturaleza humana, con respecto a la influencia del entorno social: "Somos intelectualmente complejos, racionalmente elegantes, altamente cultos, máquinas copiadoras no sofisticadas".[233] Y para completar su ironía sobre los méritos de la naturaleza humana, escribe, "Los hilos de la rica tapicería de las conductas del Homo Sapiens están fabricados por la imitación y la influencia".[234]

Sin embargo, el problema no es nuestra conducta hacia los otros o hacia la Tierra, ni que tengamos que enorgullecernos al considerar nuestro trato hacia los demás o hacia la Madre Tierra. Y sin embargo, nuestra conducta es un síntoma de un cambio profundo, un brote de egolatría en el nivel hablante del deseo, para el que nadie tiene una solución.

Una vez dicho esto, muchas personas ya entienden que el cambio debe iniciarse dentro de nosotros. Pascal Lamy, Director General de la Organización Mundial de Comercio (WTO) afirmó que, "El verdadero reto hoy en día es cambiar nuestro modo de pensar, no solamente nuestros sistemas, instituciones o políticas. Necesitamos la imaginación para captar la inmensa promesa -y el reto- del mundo interconectado que hemos creado... El futuro reposa en una mayor globalización, no menor, mayor cooperación, interacción entre los pueblos y las culturas, compartir más las responsabilidades e intereses. Es la unidad, es nuestra diversidad global, que necesitamos ahora".[235]

Ciertamente, Lamy tiene razón en muchos aspectos. En los últimos años, los neurocientíficos han estado muy excitados por un relativamente nuevo descubrimiento: las neuronas espejo. Resumiendo, las neuronas espejo son células localizadas en una región del cerebro, la circunvolución frontal inferior y la corteza parietal inferior, que preparan y ejecutan movimientos de las extremidades. Sin embargo, según una historia publicada en *Psychology Today*, también tienen un papel vital en nuestra conexión social. "En el año 2000 Vilayanur Ramachandran, el carismático neurólogo en los campos de la neurología de la conducta y de la psicofísica, hizo una predicción muy audaz: "las neuronas espejo harán para la psicología lo que el ADN hizo para la biología'... Para muchos, vienen a representar todo lo que nos hace humanos.

"En su libro del año 2011, *The Tell-Tale Brain*, (*El cerebro delator*), Ramachandran va más allá en sus declaraciones... argumenta que las neuronas espejo están en la base de la empatía, nos permiten imitar a otras personas; que ellas aceleraron la evolución del cerebro; que ayudan a explicar el origen del lenguaje y lo más sorprendente de todo: que fueron ellas que iniciaron el gran salto hacia adelante de la cultura humana que sucedió hace aproximadamente 60,000 años. 'Podríamos decir que las neuronas espejo desempeñaron el mismo papel en la temprana evolución de los homínidos, como lo hace ahora la red de Internet, Wikipedia y los blogs', concluye.

"Ramachandran no está solo. Al escribir para *The Times* (Londres) en 2009 acerca de nuestro interés en la vida de las celebridades, el eminente filósofo, A. C. Grayling, lo atribuye a esas neuronas espejo. 'Tenemos el inmenso regalo de la empatía' escribió. 'Esta es una capacidad biológicamente evolucionada, como lo muestra el funcionamiento de las 'neuronas espejo'. En el mismo periódico en este año, Eva Simpson escribe por qué las personas estaban tan conmovidas cuando el campeón de tenis Andy Murray rompió en llanto... 'Culpen a las neuronas espejo, las células cerebrales que nos obligan a reaccionar igual que la persona que observamos'. En un artículo de *New York Times* en 2007, acerca de las acciones heroicas de un hombre por salvar a otro, estas células salieron a relucir nuevamente: 'Las personas tienen neuronas espejo', escribió Cara Buckley, 'que las hacen sentir lo que los otros experimentan'".[236]

Según Jarrett, parece que "las neuronas espejo desempeñan un papel *causal* al permitirnos entender los objetivos detrás de las acciones de otras personas. Según el razonamiento, al representar las acciones de otra persona en los senderos motrices de nuestro cerebro, estas células nos proveen con una simulación instantánea de sus intenciones: un fundamento altamente efectivo para la empatía".[237]

Si bien hay algunos disidentes de las teorías que rodean a las neuronas espejo, está claro que nuestros cuerpos dedican porciones del cerebro explícitamente para comunicarnos con los demás. De esta forma, físicamente nos conectamos con los otros sin tener contacto físico con ellos, sino solo contacto visual. En cierto sentido, estas células validan las palabras de Christakis and Fowler, "El gran proyecto del Siglo XXI -entender cómo el conjunto de la humanidad es más grande que la suma de sus partes- está apenas comenzando. Como un niño que despierta, el súper organismo humano está tomando consciencia propia y esto seguramente nos ayudará a lograr nuestras metas".[238]

Cohesión a escala global

Volviendo por un momento a nuestro ancestro común monoteísta, luego de su expulsión de Babilonia, Abraham estableció una sociedad aislada que se movía como un grupo y funcionaba con garantía mutua. Creó un entorno social que apoyaba la vinculación, la unidad y la cohesión y agregaba todos estos elementos a la adquisición de la cualidad de otorgamiento, el Creador. Nuestra tarea hoy es hacer justo eso, pero a escala global.

Debido a que realmente hemos tomado consciencia de que somos un súper organismo, claramente, debemos funcionar como tal, con reciprocidad y responsabilidad mutua entre nosotros. Pero como no podemos enseñar a todo el mundo como actuar de esta forma, debemos mostrar el ejemplo al mundo y el mundo hará el resto por medio de la habilidad de empatía, o como el doctor Herrero lo dice "por la imitación y la influencia". Después de todo cuando las personas ven una buena idea naturalmente la adoptan.

En consecuencia, cuando las personas vean que los judíos tienen algo que podría funcionar bien para ellas y que los judíos desean compartirla, no solamente nos apoyarán, sino que se nos unirán. Como mencionamos en la Introducción, así es como Abraham congregó a un gran número de personas en su comunidad a medida que viajaba de Babilonia a Canaán, pues "miles y decenas de miles se reunían alrededor de él y son el pueblo de 'la casa de Abraham'".[239]

Cuatro factores de influencia

En su ensayo, *La Libertad*,[240] Baal HaSulam trata extensamente la estructura de la psique humana, y en lo que debemos concentrarnos para alcanzar un cambio duradero en nuestras sociedades. A lo largo de un amplio análisis de la interacción entre la herencia y el entorno, Ashlag explica que cuatro factores se combinan para hacer de nosotros lo que somos:

1. Los genes;

2. la forma en que los genes se manifiestan en la vida;

3. el entorno directo, como la familia y los amigos;

4. el entorno indirecto, como los medios, la economía, o los amigos de los amigos.

Puesto que no elegimos a nuestros padres, no podemos controlar nuestra fuente genética. Pero nuestros genes son meramente el "nosotros en potencia", no el "nosotros real" que a la larga se manifiesta cuando somos adultos. El "nosotros real" consiste de cuatro factores. Además, los dos últimos -que se relacionan con el entorno- afectan y cambian nuestros genes para adaptarse al ambiente.

Examinemos este magnífico ejemplo sobre cómo el ambiente cambia los genes, reportado por Swanne Gordon de la Universidad de California en su ensayo titulado, *Evolution Can Occur in Less Than Ten Years* (*La evolución puede suceder en menos de diez años*), publicado en *Science Daily*. "Gordon y sus colegas estudiaron a los guppies (*Poecilia reticulata,* un pez tropical de origen sudamericano), pececillos de agua dulce. Introdujeron a los peces en el Río Damier, en una sección antes de la barrera de una cascada que excluía a los depredadores. Los peces y sus descendientes también colonizaron la porción baja de la corriente, después de la barrera de la cascada que sí albergaba depredadores. Ocho años más tarde... los investigadores descubrieron que los pececillos en el ambiente de baja depredación... se habían adaptado a su nuevo ambiente produciendo crías de mayor tamaño, pero en menor número en cada ciclo reproductivo. No se observó adaptación en los pececillos que colonizaron el ambiente de alta depredación... 'En el ambiente de alta depredación las hembras invierten más recursos en la reproducción debido a la elevada tasa de mortalidad, causada por los depredadores; es decir, es posible que estas hembras no tengan otra oportunidad de reproducirse' explica Gordon. 'Las hembras en un ambiente libre de depredadores producen embriones de mayor tamaño porque entre más grandes sean las crías más competitivas serán en un ambiente típico de recursos limitados, sitios de baja depredación. Lo que es más, las hembras en ambientes de baja depredación producen menos embriones, no solo porque estos son más grandes, sino también porque invierten menos recursos en la reproducción".[241]

El Dr. Lars Olov Bygren, un especialista en medicina preventiva, documentó un caso aún más sorprendente sobre cómo cambian los genes debido a los efectos ambientales. John Cloud de *Time Magazine* describió la investigación del Dr. Bygren sobre los efectos de largo alcance que tenían la hambruna o el hartazgo extremos en los habitantes de un aislado poblado en Suecia, Norrbotten. Sin embargo, el Dr. Bygren observó no solo los efectos por las oscilaciones dietéticas que padecían, también examinó 'si el efecto podía iniciarse *antes* del embarazo: ¿las experiencias que habían tenido los padres en su infancia podían cambiar las características que transmitirían a sus vástagos?"[242] "Era una idea herética", escribe el señor Cloud. "Después de todo, teníamos un acuerdo de larga data con la biología: cualquier elección que hiciéramos durante nuestras vidas podría arruinar nuestra memoria a corto plazo, volvernos obesos o morir prematuramente, pero no cambiaría nuestros genes, nuestro ADN real. Lo cual quería decir que cuando tuviéramos hijos, la pizarra genética quedaría en blanco.

"Lo que es más, cualquier efecto de protección (ambiental) hacia la naturaleza de una especie (los genes) no deberían de tener un efecto tan rápido. Charles Darwin, en *El origen de las Especies*... nos señaló que los cambios evolucionarios se materializan a lo largo de muchas generaciones y a través de millones de años de selección natural, Pero Bygren y otros científicos ahora han reunido evidencias históricas que sugieren que las condiciones poderosas del ambiente... pueden de alguna forma dejar una impronta en el material genético de los óvulos y del esperma. Estas improntas genéticas pueden hacer corto circuito en la evolución y transmitir nuevos rasgos en una sola generación".[243]

Baal HaSulam, en su ensayo *La Libertad*, sugiere un concepto muy similar que coincide con los resultados del Dr. Bygren. En la sección, *El entorno como un factor*, escribe (énfasis agregado), "Es verdad que el deseo no tiene libertad. Más bien, es operado por los cuatro factores anteriores (genes y cómo se manifiestan; entorno directo, entorno indirecto). Y uno está obligado a pensar y examinar, como ellos nos lo sugieren, *negándonos todo poder de crítica o cambio...*".[244]

En una sección posterior: *La necesidad de elegir un buen entorno*, Baal HaSulam agrega, "Como ya hemos visto, es una cosa sencilla y debe ser examinada por todos y cada uno de nosotros. Pues a pesar de que cada uno tiene su propia fuente, las fuerzas son reveladas abiertamente, únicamente a través del entorno en el que uno se encuentra".[245]

Lo anterior podría parecer determinista porque si somos completamente gobernados por nuestro entorno, parecería que no tenemos libertad para elegir. Y sin embargo, Baal HaSulam escribe que podemos y debemos elegir nuestro entorno cuidadosamente. En sus propias palabras, "La voluntad tiene al principio la libertad de elegir tal entorno... que nos imparta buenas nociones. Si el individuo no lo hace, sino que está dispuesto a integrarse a cualquier entorno que se presente... tiene la posibilidad de ir a caer en un mal entorno... En consecuencia, será forzado a absorber conceptos perversos". Esta persona, concluye, "ciertamente será castigada, no por sus malos pensamientos o acciones equivocadas, que el individuo no elige, sino por no elegir un buen entorno, pues en este punto definitivamente sí tenemos libertad de elección. En consecuencia, el que se esfuerza continuamente por elegir un buen entorno es merecedor de reconocimiento y recompensa. Pero en este caso no es debido a los buenos pensamientos o acciones... sino por los esfuerzos por integrarse a un buen entorno, el cual nos inculca... buenos pensamientos".[246]

Vemos, por lo tanto que todos somos potencialmente malvados, así como somos potencialmente angelicales. La elección entre actuar en el extremo de uno o del otro, o de una mezcla de ambos, no depende de si nosotros elegimos ser de una forma u otra, sino del ámbito social al que nosotros nos integramos, o que nosotros mismos forjamos.

Como padres, instintivamente recomendamos a nuestros hijos de apartarse las malas compañías en la colonia y de los malos estudiantes en la escuela. Por consiguiente, la consciencia de que el entorno nos influye está incrustada en nuestros genes paternos, por así decirlo. Ahora, a nosotros nos toca expandir esa consciencia y darnos cuenta que no es suficiente cuidar de que nuestros hijos tengan las amistades correctas. Debemos empezar a formar un nuevo paradigma de pensamiento para nosotros, así como para nuestros hijos. Es el paradigma en el que la responsabilidad mutua tiene un papel primordial, el cuidado mutuo, la camaradería sube al escenario, y el discurso público se transformará en consecuencia.

En otras palabras, la máxima de Rabí Akiva, "Ama a tu prójimo como a ti mismo", debe cobrar forma y convertirse en un modo de vida para la sociedad. Ese paradigma social es el ADN de nuestro pueblo, nuestro legado al mundo y lo que el mundo, inconscientemente, está esperando que le transmitamos.

En una era de crisis globales, consecutivas, superpuestas, el mundo necesita desesperadamente de una cuerda salvavidas, una brizna de esperanza. Nosotros, los judíos somos los únicos que podemos ofrecerles esta esperanza, que se llama "la garantía mutua". El siguiente capítulo explicará los términos generales para implementar la garantía mutua como un paradigma social predominante.

10

Viviendo en un mundo integrado

En el capítulo anterior, citamos las palabras de Baal HaSulam en su ensayo, *La Libertad*, afirmando que estamos "obligados a pensar y examinar, como ellos (el entorno social) nos lo sugieren, negándonos todo poder de crítica o cambio".[247] Baal HaSulam dedujo que para evitar un futuro predeterminado, podemos cambiar el entorno que a su vez nos transformará a nosotros mismos y a nuestro destino. En sus palabras, "El que se esfuerza en elegir constantemente un mejor entorno es merecedor de reconocimiento y recompensa... no por los buenos pensamientos y acciones del individuo... sino por su esfuerzo por integrarse a un buen entorno, que produce... buenos pensamientos".[248]

Para traducirlo en términos contemporáneos, para canalizar nuestras vidas y las de nuestros hijos en una dirección positiva, necesitamos fomentar valores sociales que nos sitúen en la dirección que queremos seguir. Necesitamos educarnos, nosotros mismos, a nuestros hijos, a la sociedad en general, en el camino de la garantía mutua, la responsabilidad mutua y a la larga en la unidad y la cohesión. Como lo hemos demostrado en todo el libro: es nuestra vocación como judíos.

No necesitamos concebir nuevos medios educativos para alcanzar esta meta. Todo lo que necesitamos es enfocar los medios que ya utilizamos -los medios masivos, la red de Internet, el sistema educativo y nuestros lazos sociales y familiares- hacia la promoción de la familia y la responsabilidad mutua, en lugar del discurso imperante de separación y alejamiento.

Aunque más a menudo de lo que creemos, los rasgos de unidad y parentesco -y más que nada de responsabilidad mutua- están latentes dentro de nosotros los judíos; ciertamente nuestra vocación es despertarlos y ofrecerlos como un presente al mundo. Como ya lo hemos expuesto repetidamente en este libro, la unidad es un regalo de los judíos, la cualidad que nos hace únicos y la cualidad que debemos otorgar a toda la humanidad. Es esta cualidad que necesita la sociedad hoy en día, y tenemos la obligación de nutrirla en nosotros y luego obsequiarla al orbe.

Existen dos maneras de transmitir la garantía mutua y la cualidad de otorgamiento. La primera, destinada a los que tienen el punto en el corazón, como ya lo mencionamos antes en el libro, es un estudio directo de la Cabalá. Según sea el nivel de interés, puede impartirse en diversos niveles de intensidad, desde viendo programas televisivos hasta estudiar con intención (e intensidad) con un grupo y un maestro. El otro camino es un método educativo orientado a la unidad, designado para inducir la cohesión y el sentido de responsabilidad mutua dentro de la sociedad. Explicaré detalladamente estos dos caminos uno por uno.

El camino del punto en el corazón

Para algunos de nosotros, el camino para llegar a la unidad es relativamente simple. Ya hemos mencionado el punto en el corazón, esa sed de entender el sentido de la vida, percibir qué hace girar al mundo, el anhelo que permitió a Adam, Abraham, Isaac, Jacob y Moisés y a la nación entera que surgió entre los parias de Babilonia, desarrollar un método de corrección que convierte la inclinación al mal en inclinación al bien. Los que tienen el punto en el corazón pueden estudiar los textos que los cabalistas nos heredaron como una manera para alcanzar al Creador, la cualidad de otorgamiento. En el camino aprenderán como unirse en un nivel más profundo y estarán listos para transmitir la unidad a los demás.

En nuestra generación, los textos fundamentales para lograr estos propósitos son *El Libro del Zóhar con el Comentario Sulam (La Escalera)* por

Baal HaSulam, los escritos del ARI, de preferencia con los comentarios de Baal HaSulam, publicados en su obra *Talmud Eser HaSefirot* (*El estudio de las diez Sefirot*), así como otros escritos de Baal HaSulam, publicados en *Los escritos de Baal HaSulam*. Para que éstos y otros textos sean más accesibles, hemos establecido una biblioteca gratuita en línea con los auténticos textos cabalísticos, traducidos en diferentes idiomas.

En su original idioma hebreo, los pueden encontrar en www.kab.co.il y las traducciones de gran parte de los textos, incluyendo una versión del *Libro del Zóhar*, intitulada *Zóhar para Todos*, que consolida el texto de Rabí Shimon Bar Yojai (Rashbi) con el comentario de Baal HaSulam, existe en inglés en www.kabbalah.info, y en español (http://www.kabbalah.info/es/) sin costo ni condición previa en absoluto.

También están disponibles en los sitios de la red antes mencionados los escritos de mi Maestro Rabí Baruj Shalom Ashlag (Rabash), el hijo primogénito de Baal HaSulam, y su sucesor. A pesar de que muy pocos de sus artículos han sido traducidos al inglés o al español, todos sus ensayos que enseñan a los estudiantes cómo promover la unidad en los grupos estudiantiles han sido publicados en inglés en el libro *The Social Writings of Rabash (Los Escritos Sociales de Rabash)*. Para aquellos que prefieren impresiones de los textos, todas estas publicaciones existen en formato de libro y pueden adquirirse en www.kabbalahbooks.info o en amazon.com, así como en otras tiendas en línea.

Además, los estudiantes más antiguos han establecido un Centro Educativo que enseña las bases de Cabalá y cómo implementarlo para que se convierta en un modo de vida. A los estudiantes más avanzados, imparto una lección diaria con duración de tres horas, transmitida en vivo en www.kab.tv con traducción simultánea en los idiomas más importantes: alemán, español, francés, hebreo, inglés, italiano, ruso, y otros. En estas lecciones, me esmero para que ellos progresen tan rápida y fácilmente cómo sea posible, siguiendo la modalidad de enseñanza que recibí de mi maestro venerado, el Rabash.

En los últimos dos años, también hemos transmitido programas en los canales de televisión norteamericana como *JLTV* y *Shalom TV*, sobre todo durante los fines de semana. Naturalmente estos programas no son estudios avanzados de Cabalá, pero son una gran referencia para cualquiera que quiera "probar" y ver de lo que se trata.

Una educación integral, orientada a la unidad.

Estudiar Cabalá es un medio magnífico para alcanzar la unidad. Es un método creado precisamente con ese propósito. Sin embargo, la mayoría de las personas no tienen un punto en el corazón tan vigoroso que les exija respuestas. Por consiguiente es probable que muchas personas no quieran comprometerse con estos estudios. Y sin embargo, establecer una sociedad cohesiva es una necesidad global, no personal o judía, ni siquiera relacionada con algún país.

Dave Sherman, un destacado experto en estrategia y sostenibilidad de empresas, describió con elocuencia el predicamento global actual en la película *Crossroads: Labor Pains of a New Worldview:* "*The latest Global Risks Report,* (*Encrucijada: dolores de parto de una nueva visión mundial: "El último Reporte de Riesgos Globales"*), publicado por el Foro Económico Mundial que nos presenta un sorprendente mapa de riesgos de interconexión. Claramente nos revela que los riesgos globales están interrelacionados y entrelazados, de manera que los riesgos económicos, ecológicos, geopolíticos, sociales y tecnológicos son sumamente interdependientes. Una crisis en un área rápidamente conducirá a una crisis en otras áreas. La interconexión y complejidad en este mapa comparada con nuestra confusión por el impacto y la velocidad de las recientes crisis financieras, ilustran la discordia que existe en todos los sistemas que hemos creado y nos muestra cuán desconectados nos hemos vuelto. Nuestros intentos por administrar estos sistemas son fragmentarios y simplistas y no están a la altura de los retos que enfrentamos hoy en día".[249]

Para manejar precisamente ese contraste entre nuestra propia desconexión y la interconexión de los sistemas que hemos creado, necesitamos desarrollar un pensamiento interconectado, una percepción inclusiva de nuestro mundo. La Educación Integral antes mencionada, como educación orientada a la unidad, trata justamente de estos puntos.

El término "integral", según Thomas J. Murray de la Escuela de Educación de la Universidad de Massachusetts, "significa muchas cosas para muchas personas y lo mismo es cierto para la Educación Integral".[250] La percepción más común de la Educación Integral, según la descripción de *Wikipedia*, es "la filosofía y práctica educativa para el niño en su totalidad: cuerpo, emociones, mente, alma y espíritu".[251]

Relacionarse a la totalidad del niño en el proceso educativo es ciertamente recomendable. Sin embargo, en el mundo interconectado de hoy, eso sencillamente no es suficiente. Como hemos manifestado en el artículo anterior, aprendemos principalmente, y quizás únicamente, del entorno. Por lo tanto, el enfoque de la educación debe ser moldear el entorno que inculque los valores elegidos y la información, tanto en niños como en adultos.

Escuela para adultos: una guía para los confundidos

Además del hablante, el nivel humano de la Naturaleza y todos los otros niveles -inerte, vegetal y animal- operan con garantía mutua. La homeostasis es, según la define el Diccionario de la Real Academia de la Lengua, un: "Conjunto de fenómenos de autorregulación que conducen al mantenimiento de la constancia en la composición y propiedades del medio interno de un organismo. Autorregulación de la constancia de las propiedades de otros sistemas influidos por agentes exteriores." [252]

Nuestra sociedad de hoy en día, predominantemente capitalista, descarta el equilibrio, se burla de esa tendencia y siente temor de la interdependencia. De hecho, avalamos y apoyamos lo opuesto. Alabamos los logros individuales en el deporte, los negocios, la política y el mundo académico e idolatramos a los que han llegado a la cima. No prestamos atención a quienes contribuyen al bienestar colectivo y apreciamos el individualismo y la independencia.

Pero una sociedad que funciona de esta manera no dura mucho tiempo. Piensen en nuestros cuerpos humanos. Si nuestros organismos se condujeran con los valores que imperan en nuestra sociedad, no pasaríamos de la primera diferenciación celular en la etapa embrionaria. Tan pronto las células empezaran a formar los distintos órganos, comenzaría la pelea entre ellas por los recursos, y el embrión se desintegraría. La vida no sería posible si cualquier parte de ella se adhiriera a los valores individualistas que hemos descrito. Se debe a que la vida, es decir la Naturaleza, se adhiere a las reglas de la homeostasis, que podemos desarrollar y sostener nosotros mismos, y que han evolucionado a tal punto que podemos meditar sobre la Naturaleza y el propósito de nuestra existencia.

Ciertamente, no solamente los organismos, sino todo nuestro ecosistema planetario, incluyendo al cosmos, están en un estado de homeostasis.

Cuando se rompe el equilibrio, sobrevienen las catástrofes. Un revelador y entretenido reportaje sometido al Departamento de Educación en Estados Unidos en Octubre 2003 -por Irene Sanders y Judith McCabe-, claramente demuestra lo que sucede cuando sacamos a un ecosistema de su estado homeostático. "En 1991, una orca, una ballena asesina, fue avistada devorando a una nutria de mar. Las orcas y las nutrias coexisten pacíficamente. ¿Qué ocurrió? Los ecologistas descubrieron que las poblaciones de percas y arenques también disminuían. Las orcas no se alimentan con estos peces, pero las focas y los leones marinos sí lo hacen. Las orcas normalmente se alimentan de focas y leones marinos y su población había también disminuido. Por lo tanto, privadas de sus focas y leones marinos, las orcas comenzaron a servirse en la cena a las juguetonas nutrias de mar.

"Así que las nutrias desaparecían porque los peces, que éstas nunca comían en primer lugar, habían desaparecido. Entonces el efecto se extendió. Ya no existían nutrias que comieran erizos de mar, por lo que la población se había incrementado exponencialmente. Pero los erizos de mar se alimentan de los bosques de algas marinas, por lo que estaban acabando con las algas, que son el hogar de los peces que alimentan a las gaviotas y las águilas. Al igual que las orcas, las gaviotas pueden encontrar otro alimento, pero no así el águila calva que se encuentra en serios problemas.

"Todo esto se inició con la disminución de la perca y el arenque. ¿Por qué? Porque los balleneros japoneses habían extinguido la variedad de ballenas que se alimentan de los mismos organismos microscópicos que alimentan a los abadejos (un tipo de pez carnívoro). Los abadejos prosperaron pues tenían más peces que comer. Estos a su vez atacan a la perca y al arenque que eran la comida de las nutrias y leones marinos. Con la disminución de la población de leones marinos y focas, las orcas deben recurrir a las nutrias".[253]

Piensen en la forma en que nos hemos comportado unos con otros. Somos competitivos, alienados, aislados de los demás y aspiramos a sobresalir por encima de todos. Tengan en cuenta que esto no es la excepción, sino la norma, los valores que enseñamos a nuestros hijos como la forma "correcta" de ser. Por eso es necesaria una escuela para adultos, que sea una guía para los adultos confundidos. La manera en que operaría esta escuela variaría de un lugar a otro y de país en país. Cada nación y país tiene su propia mentalidad y cultura, un nivel diferente de avance tecnológico y medios de comunicación, tradiciones que forman a la gente.

Por esta razón, cada país, incluso cada ciudad tendría que desarrollar su propio método de instrucción. *Sin embargo, el contenido fundamental, los principios que enseñarían estos sistemas educativos para adultos deben ser iguales.* De otra forma, el resultado sería la desigualdad en el compromiso de la población hacia la responsabilidad mutua y el entendimiento de su importancia en nuestras vidas.

Examinemos algunos de los principios fundamentales que debe inculcar la educación enfocada a la garantía mutua.

Medios pro-sociales

En Los escritos de Baal HaSulam, Ashlag afirma, "El placer más grande que podemos imaginar es obtener la aprobación de la gente. Vale la pena sacrificar toda nuestra energía y los placeres corporales para obtener un poco de esta aprobación tan deleitosa. Es el imán que ha atraído a los más grandes de todas las generaciones y por la cual trivializaron la vida de la carne".[254]

Por consiguiente, para alterar nuestra conducta social, debemos cambiar nuestro ambiente social que promueve la individualidad, por uno que promueva la reciprocidad. Hablando en términos prácticos, podemos emplear a los medios para demostrar que el trabajo en grupo rinde mejores resultados que el trabajo individual, y que la competencia es perjudicial para la felicidad y salud del individuo. Cuando tomemos consciencia que existe una mayor recompensa en la conducta cooperativa que en el individualismo, será más fácil colaborar y compartir.

En su acertado libro *The Wisdom of Teams: Creating the High-Performance Organization (La sabiduría de los equipos: crear una organización de alto rendimiento)*, los autores Jon R. Katzenbach y Douglas K. Smith describen una historia de éxito que merece ser mencionada en el contexto de las ventajas del trabajo en equipo. Burlington Northern Railroad era una próspera empresa de carga y ahora forma parte de una importante corporación propiedad de Berkshire Hathaway, cuyo control tiene el inversionista Warren Buffett. En 1981, Burlington Northern Railroad fue transformada por siete hombres -Bill Greenwood, Mark Cane, Emmett Brady, Ken Hoepner, Dave Burns, Bill Dewitt, y Bill Berry- quienes se aprovecharon de la desregulación de la industria ferrocarrilera para agilizar la entrega de carga y minimizar los costos de reparto. Así es como Katzenbach y Smith describen el esfuerzo con el que llevaron a cabo esta innovación: "'Todos los equipos verdaderos comparten su compromiso por un propósito común. Pero solo los miembros de los equipos sobresalientes… también se dedican los unos a los otros profundamente. Los siete hombres desarrollaron una preocupación y un compromiso mutuo tan intensos, como su dedicación a la visión que intentaban volver una realidad. Se ocupaban del bienestar de todos, se apoyaban mutuamente, cuando y como fuera necesario, y trabajaban constantemente unidos para llevar a cabo el trabajo que tenía que hacerse".[255]

Esta historia podría representar un poderoso defensor en el caso a favor de la unidad versus la competencia. El único problema es que en nuestro mundo ultra-competitivo, incluso la unidad es utilizada para adquirir palancas personales para el grupo que la practica (o deberíamos decir, que la comete, debido a su mal uso). En el mundo interconectado e interdependiente de hoy, esta tipo de unidad es insostenible.

En nuestra sociedad egocéntrica, la unidad durará justo el tiempo que sea lucrativa para los individuos involucrados. En el capítulo anterior, en la sección, "Desde Yo, hasta Nosotros, hasta Uno" describimos los deplorables efectos de la competitividad. Al mismo tiempo reconocíamos que "con nuestros conocimientos actuales de la naturaleza humana, no podemos evitar esta actitud competitiva y enajenante porque surge de nuestro interior un dictado del cuarto deseo, el nivel hablante y no podemos detener la evolución de los deseos".

Sin embargo, ya hemos dicho que no necesitamos detener nuestra evolución, únicamente orientarla hacia una dirección constructiva para todos. Los medios más determinantes para lograrlo son las comunicaciones masivas. Si desarrollamos un contenido mediático pro-social que bombardee tanto como ahora nos bombardean con comerciales e info-merciales que aspiran a vaciar nuestras cuentas bancarias, nos encontraremos viviendo en una sociedad muy diferente a la que tenemos hoy en día.

Los entornos contemporáneos domésticos de la gente están sobrecargados de entretenimiento mediático, ya sea a través de la televisión o de la red de Internet. Una publicación del Departamento de Educación de Estados Unidos titulado *Media Guide - Helping Your Child Through Early Adolescence (Guía de los medios: ayudando a tu hijo durante la pre-adolescencia*) afirma: "Es complicado entender el mundo de la adolescencia en sus etapas iniciales sin considerar el enorme impacto que tienen los medios masivos en sus vidas. Compete a las familias, amigos, escuelas y comunidades, la formación de los intereses, actitudes y valores de estos chicos".[256] Lamentablemente, la mayoría de los intereses que los medios proponen son antisociales.

Por ejemplo, una publicación en línea del Sistema de Salud de la Universidad de Michigan afirma que, "Literalmente miles de estudios desde los años '50 se han preguntado si existe un vínculo entre la exposición a la violencia de los medios y las conductas violentas. Todos, salvo dieciocho han contestado, 'Sí'... Según la Academia Americana de Pediatría, 'La evidencia de una exhaustiva investigación indica que la violencia de los medios puede contribuir a una conducta agresiva, volver a los niños y jóvenes insensibles a la violencia, a las pesadillas y al temor de ser herido'".[257]

Para entender cuánta violencia absorben las mentes juveniles, consideren esta información de la publicación anterior: "Un niño promedio norteamericano presenciará 200,000 actos violentos y 16,000 asesinatos en la televisión al cumplir los 18 años".[258] Si este número no parece alarmante, consideren que existen 6,570 días en dieciocho años. Esto significa que en promedio, a la edad de dieciocho años, el niño habrá sido expuesto a poco más de treinta actos de violencia en la televisión, 2.4 de los cuales habrán sido asesinatos, *cada día de su corta existencia.*

En la misma línea, en su libro *Development Through Life: A Psychosocial Approach (Desarrollándose a través de la vida: Una propuesta psicosocial)* -publicado en 2008-, la doctora Bárbara M. Newman, y Philip R. Newman describen cómo "La exposición a un gran número de horas de violencia televisada incrementa el repertorio de conductas violentas de un niño y aumenta la subsistencia de sentimientos, pensamientos y acciones de enojo. Estos niños se ven atrapados en fantasías violentas, toman parte en la situación televisada mientras la observan".[259] Si recordamos ahora las neuronas espejo y consideramos en qué medida nosotros, y particularmente los niños, aprendemos por imitación, no podemos sino imaginar el daño irreversible que les causa observar la violencia, y ya estamos sintiendo los efectos de esta educación perversa.

Por consiguiente, desarrollar medios pro-sociales a favor de la responsabilidad mutua es imperativo para nuestra supervivencia como una sociedad adecuada. La responsabilidad mutua debe desempeñar un papel clave para transformar la atmósfera pública de enajenación por la de compañerismo. Los medios nos informan acerca de todo lo que sucede en nuestro mundo. Incluso las noticias que recibimos de amigos y familia generalmente nos llegan a través de los medios, la versión moderna del pregonero.

Pero los medios no nos proveen simplemente la información. También nos dan reseñas sobre las personas que aprobamos o desaprobamos y formamos nuestras opiniones basándonos en lo que vemos, escuchamos y leemos en los medios. Debido a que su poder sobre el público no tiene rival, si los medios cambiaran su enfoque hacia la unidad y la fraternidad, cambiaría también la opinión de la mayoría de la gente hacia estos valores.

Por ahora los medios se concentran en los individuos triunfadores, en los magnates mediáticos, en las estrellas del pop y los súper exitosos individuos que ganaron millones pasando por encima de sus competidores. En tiempos de crisis, como el Huracán Sandy, o durante las inundaciones, las personas se unen para ayudarse. En tales situaciones, las historias que los medios difunden profusamente, ayudan a levantarnos la moral y a tener la esperanza de que el espíritu del ser humano no sea tan malo. Desgraciadamente, tan pronto como se presenta otro evento, los medios van tras la noticia y la historia desaparece, llevándose con ella nuestra fe en el espíritu humano. En su lugar, la sensación de sospecha y la enajenación toman posesión del horario estelar.

Para instaurar un cambio duradero y fundamental en la opinión mundial, que la incite a querer la cualidad de otorgamiento, los medios deben presentar la imagen completa de la realidad e instruirnos sobre su estructura interconectada e interdependiente. Con este fin, deberán producir programas que demuestren que esa cualidad afecta a todos los niveles de la naturaleza -inerte, vegetal, animal y hablante- y estimulen a la gente a imitarla con el fin de implantar en nuestra sociedad las características de la naturaleza de otorgamiento, reciprocidad, y homeostasis. En lugar de programas de entrevistas que convierten en ídolos a las personas que triunfan, estos programas deberían aplaudir a la gente que ayuda a los otros a triunfar.

Si los medios presentan a personas que se preocupan por los demás y los colocan en un pedestal principalmente porque sus acciones coinciden con la ley de la Naturaleza, la ley de otorgamiento, gradualmente lograrán cambiar el favor del público del egocentrismo al compañerismo. La gente empezará a sentir que no ser egoísta rinde una ganancia mayor que ser egoísta, si es que de eso se obtiene algún provecho.

Hoy en día el mensaje predominante en los medios debería ser "La unidad es *cool* y es *genial* para ti, únete". Hay infinidad de formas que los medios pueden usar para mostrar que la unidad es un regalo valioso.

Aunque todos los científicos saben que ningún sistema en la Naturaleza opera aisladamente y que la interdependencia es el nombre del juego, la mayoría de la gente no está consciente de ello. Cuando vemos cómo trabaja cada órgano para beneficiar al organismo, cómo colaboran las abejas en los enjambres, cómo la escuela de peces nada con tal sincronía que podría pensarse que se trata de un pez gigante, y como los chimpancés ayudan a los otros de su especie, e incluso a los humanos, sin recompensa alguna, no podemos menos que comprender que la ley principal de la Naturaleza es la armonía y la coexistencia.

Los medios pueden y deberían ofrecer tales ejemplos con más frecuencia que ahora. Cuando nos demos cuenta de que la Naturaleza trabaja de esta forma, espontáneamente examinaremos nuestra sociedad y nos esforzaremos para implantar esa armonía entre nosotros. Si nuestros pensamientos empiezan a orientarse en esta dirección, crearán una atmósfera distinta e introducirán un espíritu de esperanza y fortaleza en nuestras vidas, incluso antes de que se implemente ese espíritu, ya que estaremos alineados a la fuerza de vida de la Naturaleza, el Creador.

Como lo hemos manifestado, nuestro mayor placer es ganarnos la aprobación de la gente, si los demás aprueban nuestras acciones y opiniones nos sentimos bien. Si desaprueban lo que hacemos o decimos, nos sentimos mal y tendemos a esconder o modificar nuestras acciones para conformarlas a las pautas sociales. En otras palabras ya que es tan importante sentirnos bien, los medios se encuentran en una posición única para orientar las acciones y opiniones de las personas.

No es de sorprender que los políticos sean las personas de la sociedad más dependientes de los "ratings" y sus carreras, y su misma subsistencia dependa de estos índices de popularidad. Si les mostramos que hemos cambiado nuestros valores, ellos cambiarán los suyos para seguir nuestra tendencia. Y una de las maneras más efectivas y sencillas de decirles lo que valoramos, es informarles lo que queremos ver en la televisión. Si le damos amplio rating a los programas que promueven la unidad y el compañerismo, los políticos echarán mano de esa tendencia y legislarán en consecuencia. Debido a que quieren mantenerse en el poder, necesitamos mostrarles que para retener su cargo, deben promover lo que nosotros queremos: la unidad.

Cuando podamos crear medios que promuevan la unidad y la colaboración en lugar de la glorificación de las celebridades, habremos creado un entorno que *nos persuada* que la unidad y la responsabilidad mutua son buenas.

Las claves para la unidad

Para crear una sociedad más cohesiva, cuyos miembros sean responsables unos de otros, la gente necesita cultivar ciertas reglas básicas.

1) El alimento y otras necesidades: ante todo, las personas deben tener una seguridad alimenticia. Sin la confianza de que pueden alimentar a sus hijos y a sí mismos, la gente no se sentirá como una parte integral de la sociedad porque constantemente pelearán por la comida (si no físicamente, entonces mentalmente).

Además, es imperativo que las personas tengan la seguridad de poder acceder a servicios médicos, vivienda, vestido y educación. Todo lo anterior variará dependiendo del estándar promedio de vida en cada localidad, pero el sustento básico debe proveerse a todos en la medida que preserve su dignidad de seres humanos y como miembros integrales de la sociedad.

A cambio de la garantía del sustento básico, todos los miembros de la sociedad deberán tomar una capacitación, que les ayude a entender la interconexión y la interdependencia características de nuestro mundo, que es por lo que reciben estos servicios. Aprenderán que estar integrado a una sociedad que les asegura el bienestar también supone algunas obligaciones. Esto estará relacionado con la actitud que tienen las personas entre ellas, así como su contribución de tiempo o servicios para el bien común.

Por ejemplo, encargarse de que los niños reciban educación básica no tiene porqué costarle al estado ni un céntimo. Se puede lograr a través de los maestros desempleados que voluntariamente trabajen a cambio del sustento básico. Esta medida contribuiría significativamente a la cohesión social de la comunidad, y aunado a la capacitación antes mencionada, sería percibida como tomar parte en la creación de un mundo mejor, dándole a la gente otro incentivo positivo para esforzarse por la comunidad.

2) La capacitación: ya hemos mencionado la capacitación que ayudará a la gente a entender la naturaleza interconectada e interdependiente de nuestro mundo. El paradigma de la educación integral social sugiere que cada ciudadano, incluso todo habitante del país participe en esta capacitación.

La capacitación tiene un propósito doble: social y económico; el propósito económico, que es más un valor agregado que una meta real en sí misma, es para proporcionar a la gente el conocimiento requerido para que se administren en épocas de ingresos escasos. Esa parte de la capacitación incluirá la educación del consumidor (las finanzas personales) para que los individuos puedan gestionar sus hogares en forma económicamente factible utilizando recursos limitados.

La capacitación social que es la más extensa parte del curso, incluirá temas pertenecientes a la percepción de uno mismo como un elemento de un todo mayor que comparte una meta común. Esta percepción es imperativa para la cohesión de la sociedad. Sin ella, veremos a cada hombre para sí mismo, en una sociedad en donde una bestia devora a otra bestia.

La creciente disonancia entre este tipo de sociedad y la dirección agregada de la realidad de hoy en día, sin duda intensificará la ya excesiva presión en el funcionamiento social de las personas y el resultado será el colapso de la sociedad. Si eso sucede, como lo prueba la historia y como ha sido descrito en capítulos anteriores, los judíos serán culpados de todo, y cualquiera puede adivinar las consecuencias.

En consecuencia, a continuación los temas que creo deben incluirse en la capacitación de la educación integral para conducir a la gente a una perspectiva mundial más cohesiva y por lo tanto sostenible.

La interconectividad de la economía, la cultura y la sociedad y lo que esto significa para cada uno de nosotros. Este tema tratará en detalle la evolución de los deseos y explicará que en el cuarto nivel, queremos disfrutar de riqueza poder y fama, es decir placeres egocéntricos, y que estos deseos nos llevan a conectarnos, aunque negativamente, para explotarnos unos a los otros.

Interdependencia. Por qué nos hemos vuelto interdependientes y cómo esto afecta nuestras relaciones en los niveles personal, social y político. Este tema deberá presentarse después de la explicación de la evolución de deseos y mostrarnos por qué nuestro deseo de explotarnos mutuamente nos hace ser más dependientes unos de otros. Debido a que estos deseos provocan que nos involucremos en relaciones cada vez más estrechas, al mismo tiempo que albergamos nuestras inherentes malas intenciones hacia los demás, estamos volviéndonos muy interconectados porque queremos usarnos unos a los otros. Sin embargo somos igualmente interdependientes porque dependemos de los otros para lograr lo que queremos.

Mejorar las capacidades sociales, emocionales y mentales:

-Aprender cómo enfrentarse a la falta de empleo y las consiguientes dificultades financieras, tensión y depresión.

-Capacidad de comunicación, esto es, aprender a escuchar, expresar las emociones y necesidades claramente, respetarse mutuamente, leer el lenguaje corporal. La meta es desactivar la agresión y entenderse mejor.

-Resolver los conflictos domésticos sin recurrir a la violencia.

-Socializar como un medio de aprendizaje, enriquecimiento personal, atenuar las tensiones y restaurar la autoestima.

Consumo mediático. Como mencionamos antes, los medios masivos son el arma más poderosa para formar nuestras opiniones y valores. Por esta razón, un consumo prudente de los medios puede reducir las tendencias agresivas, alentar el comportamiento pro-social y proveer información esencial para entender el mundo y el lugar que ocupamos en éste. Como aclaración, el término *medios* se relaciona no solo a la televisión y radio, sino también a la red de Internet, los periódicos, y algunas formas de cultura pop, como películas y música popular.

Habilidad en administración de tiempo. Aprender a emplear el tiempo para el enriquecimiento personal, la expansión de círculos sociales, adquirir nuevos o más avanzados estudios profesionales y alimentar lazos familiares más sólidos y fuertes.

Calificar a becarios como instructores en futuros cursos de capacitación.

Asimismo, si la presencia física es posible, la capacitación se impartirá a través de actividades sociales, representaciones, trabajo de grupo, juegos y presentaciones multimedia. El aprendizaje no se hará en el formato tradicional del profesor frente a una clase. Más bien, el profesor y los estudiantes se sentarán en un círculo y conversarán como iguales, aprendiendo a través de compartir y enriquecerse mutuamente. Cuando no sea posible la asistencia física, el marco educativo será interactivo, con ejemplos y actividades destinados principalmente para el aprendizaje en línea.

Los resultados de esta capacitación serán dobles: 1) Entender cómo gestionar la vida personal en un entorno social volátil y de inestabilidad económica; 2) Entender que existe una ley natural que recubre este despliegue, que esa ley es tan severa e inexorable como la de la gravedad y que por consiguiente debemos dominar estos nuevos medios para manejarla por nuestro propio bien.

Si bien todos debemos saber cómo conducirnos bajo la Ley de Interdependencia impuesta a nosotros por la Ley del Otorgamiento, el Creador, esto no significa que todos tengan que estudiar Cabalá. Los que quieran estudiar podrán hacerlo, pero los que no quieran alcanzar al Creador contribuirán igualmente al "súper organismo humano", empleando las palabras de Christakis y Fowler, sencillamente viviendo las leyes de la garantía mutua sin alcanzar el el funcionamiento interno de la creación.

Al igual que no se necesita ser un electricista calificado para encender la luz sin riesgos, no todos deben ser cabalistas, o "expertos en el funcionamiento de la Ley de Otorgamiento", empleando términos más contemporáneos, para lograr aplicar con éxito y sin riesgos la Ley de Otorgamiento en sus vidas. Después de todo, esta ley existe para hacer bien a Sus creaciones como aprendimos en el Capítulo 2. Por consiguiente, todo lo que necesitamos es aprender a emplearla apropiadamente, así como aprendimos a usar la electricidad, gravedad, magnetismo y cualquier otra ley natural o fuerza para beneficiarnos con ellas.

Una vez dicho esto, así como los electricistas construyen redes que todos usamos sin riesgos, sin necesidad de conocimientos avanzados, los cabalistas tendrán que construir los sistemas sociales y de aprendizaje que inculquen el otorgamiento a la sociedad, para que todos puedan usar todos estos sistemas y beneficiarse de ellos, incluso cuando no tengan conocimientos de Cabalá.

3) La mesa redonda: Un medio que es de primordial importancia, y por lo tanto merece un apartado entero para su estudio, es el formato de discusión alrededor de una mesa redonda. En este tipo de debate, todos los participantes tienen una posición igual y representan opiniones diferentes y opuestas sobre temas que son críticos para el bienestar y la solidez de la comunidad, ciudad, estado o país.

La meta de la deliberación no es para conciliar las diferencias o para llegar a un compromiso. Más bien, la meta es descubrir un común denominador que se erija por encima de los conflictos y discusiones. El resultado al descubrir tal elemento es que los temas en disputa de pronto parecen tener menos importancia que antes y palidecen ante la comparación de la unidad y la calidez que los participantes ahora experimentan entre ellos. Posteriormente, con un espíritu de buena voluntad, gracias al descubrimiento de un nuevo interés en común, se encontrarán las soluciones a conflictos que antes eran constantes.

En Israel un buen número de organizaciones y movimientos han implantado el formato de discusión en una mesa redonda. El movimiento *Arvut* (garantía mutua), por ejemplo, ha establecido este medio de deliberación cientos de veces, y todas las veces ha sido empleado, los participantes mismos reportaron el éxito logrado. Con este recurso, los asuntos que no habían sido resueltos durante años se solucionaron en cuestión de horas.

Hasta ahora en Israel, se ha probado en grandes ciudades, poblados y *kibutzim*, en poblaciones árabes y druzas, reuniendo a los colonizadores extremistas del ala derecha de Judea y Samaria, con árabes de la ribera occidental, en el *Knesset* (Parlamento israelí) y dentro de poblaciones en conflicto como inmigrantes de Etiopía y la antigua Unión Soviética. Estos eventos concluyeron dentro de un profundo ambiente de unidad y calidez el cien por ciento de las veces.

Pueden visitar el sitio para ver testimoniales y videos con más detalles sobre las mesas redondas http://www.arvut.org/en/round-table.

Se han conducido discusiones alrededor de una mesa redonda en muchas partes del mundo: Nueva York y San Francisco (U.S.A.), Toronto (Canadá), Frankfurt y Nüremberg (Alemania), Roma (Italia), Barcelona (España), San Petersburgo y Perm (Rusia), son solo algunas de los muchos lugares en donde este formato de discusión se ha instaurado, y todos con un éxito rotundo como en Israel.

A favor de un espíritu de igualdad, las deliberaciones también involucran al auditorio, y siguen este procedimiento: un panel de individuos de contextos diversos y a menudo conflictivos, se sientan alrededor de una mesa. Los panelistas expresan sus puntos de vista sobre un tema propuesto por el mediador del evento.

Después, el auditorio hace preguntas a los panelistas, que responden uno o más de los participantes. La regla inquebrantable es que ningún panelista no debe desaprobar a otro o interrumpir cuando alguien habla. La crítica está estrictamente prohibida. De esta forma, el auditorio escucha diversas opiniones que no se oponen entre sí sino más bien se complementan.

Más tarde, el auditorio se divide en múltiples mesas redondas y discute los temas propuestos por el mediador, de la misma forma y con el mismo espíritu del panel. Finalmente, las mesas se reúnen en una asamblea general y cada mesa presenta sus conclusiones y comparte sus impresiones del evento en general.

Recientemente, se ha intentado llevar a cabo mesas redondas en línea y también han tenido mucho éxito. Naturalmente cada lugar tiene su mentalidad propia y cada medio -un evento en vivo, una reunión en línea o una transmisión televisada- tiene sus ventajas y desventajas. Por lo tanto, ningún evento es igual a otro. Sin embargo, el espíritu de compañerismo y compromiso con la garantía mutua, que son la base de cada discusión, asegura el éxito de estas singulares deliberaciones. A pesar de que la gran mayoría de las sociedades está muy lejos de vivir dentro de los conceptos de la garantía mutua, estas discusiones, como lo demuestran los videos grabados, logran presentar un sentido genuino de lo que sería vivir dentro de la garantía mutua.

Niños educados integralmente

Si bien los adultos deben asumir la responsabilidad de cambiar positivamente su ambiente social, la situación es mucho más complicada cuando se trata de niños y adolescentes. Ahí la responsabilidad recae en los adultos -maestros y educadores- ya sea a través de la iniciativa privada o con subvenciones del gobierno, para construir este entorno que promueva la cohesión.

El sistema de educación vigente respalda una competencia intocable. En sí misma, la competición es natural y no es inherentemente negativa. Pero si consideramos la cultura competitiva existente y lo que nos ha ocasionado, aún más a nuestros hijos, queda claro que estamos haciendo mal uso de este elemento.

En *No Contest: The Case Against Competition (Sin contienda: el caso en contra de la competencia)*, Alfie Kohn, un reconocido disidente de la competencia cita al psicólogo, Elliot Aronson: "Desde el jugador de las Ligas Pequeñas de Pelota que rompe en llanto si su equipo pierde, hasta el estudiante universitario en el estadio de fútbol coreando, "Somos el número uno"; desde Lyndon Johnson, cuyo juicio estaba definitivamente distorsionado por su reiterado deseo de no ser el primer presidente americano que perdiera una guerra, hasta el alumno de tercer grado que desprecia a su compañero de clase por un desempeño superior en un examen de aritmética; manifestamos una asombrosa obsesión por la victoria".[260]

Ciertamente, las bibliotecas y la red de Internet están atestadas de estudios que demuestran que la competencia y el individualismo son malos y que la colaboración y la cooperación son buenas, tanto en el trabajo como en la escuela. Jeffrey Norris publicó una historia en el *News Center* de *UCSF* llamada "Yamanaka, Premio Nobel, destaca el valor de la capacitación y la colaboración". En esa historia Norris afirma, "El científico solitario trabajando durante las altas horas de la noche para completar un experimento trascendental que conduce a un momento *Eureka* de solitaria alegría, es una escena cliché de las películas hollywoodenses, pero en realidad la ciencia es un empeño altamente social".[261] Más adelante, en la sección *Synergistic Collaboration Drives Progress (Avances en los impulsos sinérgicos de colaboración)* agrega, "En los diseños abiertos de los modernos edificios para laboratorios científicos, cada investigador científico en jefe trabaja con un número de colegas doctorados, estudiantes y técnicos y el visitante no puede determinar en donde termina un laboratorio y empieza el otro. Las ideas científicas y el compañerismo se alimentan en un ámbito interactivo".[262]

Lo mismo sucede en la escuela. Numerosos experimentos han sido llevados a cabo sobre los beneficios de la colaboración en el sistema educativo. En un ensayo titulado *An Educational Psychology Success Story: Social Interdependence Theory and Cooperative Learning, (Psicología educativa: una historia de éxito. Teoría de la interdependencia social y el aprendizaje cooperativo)*, los profesores David W. Johnson y Roger T. Johnson de la Universidad de Minnesota, presentan la causa de la teoría "de la interdependencia social". En sus palabras, "Más de 1,200 estudios de investigación han sido realizados en las once décadas pasadas relativos al tema de los esfuerzos cooperativos, competitivos e individualistas. Los descubrimientos arrojados por estos estudios han validado, modificado, depurado y expandido la teoría".[263]

Los autores proceden a relatar en detalle los hallazgos de los estudios. Los investigadores compararon la efectividad del aprendizaje cooperativo con el aprendizaje competitivo e individualista en uso. Los resultados no dejaron lugar a dudas. Respecto a la responsabilidad personal, concluyeron, "La interdependencia positiva que vincula a los miembros del grupo da como resultado el sentido de responsabilidad por (a) terminar el trabajo propio (b) facilitar el trabajo de los otros miembros del grupo. Además, cuando el desempeño de un individuo afecta los resultados de los colaboradores, éste se siente responsable del bienestar de los colaboradores así como del suyo. Fallarse a uno mismo es malo, pero fallarle a los demás y a sí mismo es todavía peor".[264] En otras palabras, la interdependencia positiva convierte a las personas individualistas en colaboradores preocupados, todo lo opuesto a la tendencia actual de creciente individualismo que incluso llega al narcisismo".[265]

Johnson y Johnson distinguen entre interdependencia positiva e interdependencia negativa. La positiva supone, "...una correlación positiva para alcanzar las metas de los individuos; los individuos perciben que pueden llegar al objetivo si, y solo si, los otros individuos con quien están ligados cooperativamente alcanzan sus metas también".[266] La negativa significa que "los individuos perciben que pueden conseguir sus objetivos si, y solo si, los otros individuos con quienes están competitivamente ligados no llegan a sus objetivos".[267]

Con el propósito de demostrar los beneficios de la colaboración, los investigadores midieron el desempeño de los estudiantes que colaboraron comparados con los que compitieron. Sus descubrimientos dicen, "Se descubrió que la persona promedio cooperativa logra cerca de dos tercios de la desviación estándar por encima de la persona promedio que se desempeña dentro de situaciones competitivas o individualistas".[268]

Para comprender el significado de esta desviación por encima del promedio, consideren que si un niño es un estudiante con un promedio de -6, al cooperar, las calificaciones de este estudiante pasarán a un asombroso promedio de 10+. Asimismo, los Johnson escribieron, "La cooperación cuando se la compara con los esfuerzos competitivos e individualistas tienden a promover una retención a largo plazo, una motivación intrínseca más alta y expectativas de éxito, un pensamiento más creativo... y actitudes más positivas hacia la tarea y la escuela".[269] En otras palabras, no solamente los niños salen beneficiados de esta actitud pro-social, sino que la sociedad en general adquiere preponderancia.

A principios de 2012, escribí en colaboración con el Profesor en Psicología Gestalt y terapista, el doctor Anatoly Ulianov un libro titulado *La psicología de la sociedad integral*. El libro detalla los elementos esenciales de la Educación Integral, con referencias específicas a la sociedad híper-competitiva existente. Básicamente, el libro sugiere que ya que la competencia es inherente a la naturaleza humana -como expusimos antes en este libro con respecto a la aspiración del nivel hablante por riquezas, poder y fama- no debemos inhibirla. Más bien, en lugar de competir por ser el rey o la reina del lugar, por así decirlo, podemos promover una atmósfera que apoye la competencia entre las personas que contribuyen más que los otros.

Particularmente, los ganadores deberían ser los individuos que lograron que los demás se sintieran mejor. En cierto sentido, es una competencia por ser el que ama más a los demás. De esta forma, el impulso natural de los niños por sobresalir -y específicamente, aventajar a los demás- no es inhibido, sino que se les permite materializar su potencial canalizándolo para beneficiar a la sociedad en lugar de a sí mismos, ya que la única forma de ganar este tipo de competencia, es siendo el mejor con su bondad. De esta forma, la competencia se convierte en una herramienta para iniciar a los niños en la cualidad de otorgamiento.

Para fomentar esta atmósfera saludable, las relaciones de igual a igual y las relaciones maestro-estudiante deben reflejar los valores pro-sociales. Esto implica algunas modificaciones al estilo tradicional de enseñanza. La premisa en la Educación Integral es que el reto más importante hoy en día en la educación no es la transmisión de información, sino inculcar la capacidad para adquirir la información rápidamente, de manera que cumpla las diversas metas de los estudiantes.

Este es un cambio en el paradigma tradicional, consecuencia del hecho que la vida hoy en día es muy diferente a lo que fue durante la Revolución Industrial, cuando se concibió el concepto de dar una clase frente al alumno. En la edad de la Información, los datos se acumulan con tal rapidez que las experiencias pasadas solo pueden ser tomadas como base para más aprendizaje. Como preparación para el mundo de los adultos, los niños en la escuela necesitan saber cómo aprender más de lo necesario para absorber la información.

Además, debido a la naturaleza interconectada e interdependiente del mundo de hoy, desde temprana edad y en adelante, los niños necesitan comprender que el egocentrismo no los llevará a ser felices. Más bien, como Johnson y Johnson han demostrado, con la consideración mutua y la apertura hacia los otros ampliarán sus oportunidades de éxito y felicidad.

Pero los niños necesitan experimentar la interconexión del mundo en la vida real y no solamente escuchar o hablar de ello. Un camino práctico para lograrlo es transformar el salón de clase en un microcosmos, un mini entorno, una familia reducida en donde todos se preocupan por los otros.

Con este fin, la Educación Integral propone que los estudiantes y los maestros -o educadores como se les nombra en la Educación Integral- se sienten en círculo y el aprendizaje se realice mediante discusiones animadas sobre el tema en cuestión. El círculo coloca al educador y a los estudiantes en el mismo nivel, para que el educador pueda cuidadosamente guiar la discusión hacia el aprendizaje y lo que es más importante, hacia el entendimiento mutuo, sin ser autoritario o dominante.

Otro asunto importante es el plan de estudios de la escuela. Este debe reflejar la naturaleza interconectada del mundo. El programa debe también apoyar la integración de los temas. De esta forma, los campos de estudio como las matemáticas, física y biología no se enseñarían separadamente, sino dentro del contexto de la Naturaleza en su conjunto, pues así funcionan en realidad las leyes de estas tres disciplinas.

La integración también debería ser inherente en los estudios mismos y es muy probable que viéramos a los estudiantes aplicar las leyes de biología en sus estudios de humanidades. Después de todo, la humanidad ha sido etiquetada como un "súper organismo", así es que aplicar las leyes de biología a la sociedad humana parece ser una evolución natural.

Cabe hacer resaltar que en la Educación Integral, los educadores no son siempre maestros, sino estudiantes mayores. Esto mejora la cohesión y el compañerismo general entre los estudiantes de los diferentes grupos y edades, desarrolla las habilidades pedagógicas y orales de los jóvenes educadores e induce una asimilación más profunda de la información en los tutores porque ellos tienen que enseñarla.

Pero más que nada, cuando los jóvenes tutores enseñan en lugar de maestros de más edad, las cuestiones de disciplina se vuelven virtualmente obsoletas. Debido a que los niños más pequeños naturalmente admiran a los jóvenes que son dos o tres años mayores que ellos, en lugar de sentir resentimiento hacia los educadores, que tienen cuando se trata de maestros adultos, buscan su favor y se desviven por ser el mejor estudiante a los ojos del tutor. Aunada esa aspiración al deseo antes mencionado de ser el mejor en bondad, tenemos en nuestras manos una atmósfera escolar a la que los niños querrán asistir cada mañana y dentro de la cual crecerán para convertirse en adultos seguros y pro-sociales.

Acorde a los propósitos de la Educación Integral, el aprendizaje mismo se llevará a cabo en grupos ya que es la forma de estudiar más ventajosa para fortalecer habilidades sociales y para inculcar la información, según las investigaciones anteriores de Johnson y Johnson. Por lo tanto, la evaluación de un estudiante no se relacionará a su capacidad para memorizar o recitar un texto tipo. Más bien, las evaluaciones se harán a los grupos y no a los individuos. Esto promoverá todavía más el sentido de responsabilidad del grupo y de garantía mutua entre los estudiantes.

Una vez dicho esto, los maestros y educadores regularmente enviarán reportes a los padres y a los administradores escolares con respecto al progreso educacional y social de los niños. Debido a que los maestros estarán más cerca de los estudiantes que lo permiten los métodos de enseñanza hoy en día, notarán si un problema se suscita en un niño antes de que crezca a una crisis mayor.

Una vez por semana, los estudiantes deben salir del plantel escolar e ir de excursión. Para conocer el mundo en donde viven, el sistema educativo debe proporcionarles conocimiento de primera mano acerca de las instituciones que afectan sus vidas, las autoridades gubernamentales, la historia y la naturaleza de los lugares en los que habitan. Tales excursiones deben incluir museos, paseos a parques cercanos, visitas a las comunidades agrícolas, recorridos por fábricas, hospitales y las instituciones gubernamentales, estaciones de policía, etc.

Cada una de estas excursiones requerirá de una preparación previa que provea a los estudiantes un conocimiento del lugar que están por visitar, el papel que tiene en la sociedad, cómo contribuye, posibles alternativas y los orígenes de ese lugar o institución.

Por ejemplo, antes salir a visitar la estación de policía local, los estudiantes investigarán el tema en la red de Internet, de preferencia con datos específicos sobre la estación que van a examinar. Aprenderán cómo llegó la policía a su sistema de acción presente, cómo se integra en la vida en nuestra sociedad y qué alternativas podríamos imaginar para la regulación del orden.

De esta forma los niños aprenden acerca del mundo en el que viven, desarrollan un pensamiento creativo para imaginar un futuro mejor, practican el trabajo de equipo y mejoran sus destrezas de aprendizaje. Después de la salida, los debates permitirán a los estudiantes compartir lo que han aprendido, sacarán conclusiones, harán sugerencias y compararán lo que han descubierto con las nociones que tenían sobre el tema antes de la salida.

Hay mucho que decir acerca de las escuelas de Educación Integral, como por ejemplo las relaciones padres-escuela-estudiante, el enfoque en la tarea, horas recomendadas en la escuela, festividades, políticas de castigo o no castigo, etc. Desarrollar todo este programa va más allá del alcance de este libro, pero la idea en torno a la Educación Integral debería ser clara: los niños necesitan aprender en un entorno interconectado y experimentar de primera mano los beneficios y la diversión asociada con la vida en un entorno así.

Nuestro privilegio, nuestro deber, nuestro tiempo

Debo mencionar una última cuestión sobre la educación de adultos, jóvenes y niños. Ninguna forma de Educación Integral tendrá éxito si solo aspira a mejorar nuestra vida material. Si bien es una meta deseable, no la alcanzaremos sin el profundo entendimiento que toda la humanidad se mueve hacia una época de interconectividad e interdependencia porque esta es la Ley de la Naturaleza.

La gente no necesita llamarlo "El Creador". No hay necesidad que alguien aspire a alcanzar un nivel de percepción muy elevado y profundo a menos que sea su voluntad. Sin embargo, las personas tendrán que estar conscientes de la equivalencia de forma, a ser semejante a la Ley de la Naturaleza, es decir, estar interconectados nos alienta a ordenar nuestro modo de vida en consecuencia.

Las personas que establecen y crean los planes y programas de estudios tendrán que ser como hemos señalado, esto es, cabalistas. Dicho esto, los estudios de Cabalá nunca serán obligatorios porque solo aquellos que deseen transformarse, dedicarse al servicio de los demás y genuinamente quieran adquirir la cualidad de otorgamiento se dedicarán a cumplir su vocación.

Es cierto que esta transformación social es una tarea mayúscula. Y sin embargo, nosotros los judíos hemos sido transformados antes, y latente o despierta, la reminiscencia de esa transformación existe dentro de todos nosotros. Ninguna otra nación ha recibido la tarea de redimir a la humanidad, como nosotros los judíos y ninguna otra nación ha recibido las herramientas inherentes para hacerlo. Es nuestro llamado; es nuestro privilegio; es nuestro deber, y es nuestro tiempo.

Es por este sentido de compromiso que el método educativo sugerido anteriormente ha sido creado. Puede parecer como un método poco ortodoxo, pero sus bases están enraizadas profundamente en nuestra historia y en nuestras almas, y sus principios han sido probados con éxito por otras doctrinas. Si nos unimos será un éxito, y fallará si no lo hacemos. Nuestros sabios dijeron, "Magnífica es la paz, pues incluso cuando Israel es idólatra pero existe paz entre ellos, el Creador dice, 'Es como que no puedo gobernarlos porque existe paz entre ellos'".[270]

Quiero concluir con una referencia a las palabras de Baal HaSulam al final de la *Introducción al Libro del Zóhar.* Termina la Introducción con una declaración: Si Israel lleva a cabo su misión y trae la felicidad al mundo a través de la unidad y la adquisición de la cualidad de otorgamiento, las palabras del profeta Isaías se volverán una realidad y las naciones se unirán a nosotros y nos ayudarán a cumplir nuestra misión. Y Baal HaSulam cita: "Así dice el Señor Dios: He aquí que Yo voy a alzar hacia las gentes Mi mano y hacia los pueblos voy a levantar Mi bandera, traerán a tus hijos en su regazo, y tus hijas serán llevadas a hombros' (Isaías 49:22).

Epílogo

"La humanidad merece estar unida como una sola familia. Entonces, todas las querellas y la mala voluntad que son el origen de las divisiones entre las naciones y sus fronteras, cesarán de existir. Sin embargo, el mundo necesita la mitigación, con la cual la humanidad será perfeccionada a través de las singulares características de cada nación. Esta deficiencia la complementará la Congregación de Israel."

Rabí Kuk, Orot HaRaaiah [Luces de Raaiah], Shavuot, p 70

No ha sido sencillo escribir este libro. He escrito docenas de libros, pero ninguno ha representado tal reto emocional e intelectual. Durante muchos años, he tenido presente la tarea que se encuentra frente a nosotros, pero siempre me he preguntado si debía escribir directamente a mis hermanos judíos. No quería que me percibieran condescendiente o autoritario y aparecer como un predicador tedioso o admonitorio, lo que no está en mi lista de cosas por hacer.

Y no obstante, mis estudios cabalísticos con Rabash me revelaron que la dirección que lleva el mundo ahora lo conducirá al desastre. Es debido a esto que el padre de Rabash, Baal Hasulam, así como su hijo, estaban más ansiosos que ningún otro cabalista del pasado, por diseminar esta antigua sabiduría, como una cura a la egolatría creciente de la humanidad.

Baal HaSulam se sentía intranquilo por la interdependencia global que crecía a principios de los años '30, cuando muy pocas personas en el mundo ni siquiera estaban conscientes del proceso. Él sabía que todo esto resultaría en una insoluble crisis si la humanidad no apoyaba la interdependencia con la garantía mutua, sabía que la naturaleza humana no sería capaz de tolerar el enfrentamiento entre la dependencia y la aversión recíprocas.

Al mismo tiempo, incluso en esas etapas tempranas de nuestra globalización, Baal HaSulam sabía que el proceso era irreversible, que en virtud de que formamos parte de una única alma, un único deseo, todos estamos inherentemente conectados. Él sabía también, así como todos los sabios citados en este libro, que la meta para la que fuimos creados no era que los individuos vivieran como extraños y se odiaran, *sino que se unieran a través de la cualidad de otorgamiento.*

Hoy en día vemos cuánta razón le asistía. Sin remedio estamos mal conectados y muy resentidos por ello. Nuestros sistemas sociales, como la economía, la salud, la educación suponen que la mala voluntad es la base de nuestras relaciones humanas y por consiguiente cada entidad se protege mediante regulaciones, legislaciones y abogados.

Pero este modus operandi no es sostenible. Así como las familias asumen la buena voluntad entre los miembros de la familia, todos los integrantes de la raza humana deben aprender a confiar los unos en los otros.

Sin embargo, como lo hemos mostrado a lo largo de este libro, debido a que nuestros egos evolucionan constantemente y enaltecen nuestra singularidad en lugar de nuestra unidad, necesitamos un método para ayudarnos a lograr la unidad por encima de nuestra disparidad, sin suprimirla o anularla. Este método hunde sus raíces en el patrimonio espiritual de nuestro pueblo y es el regalo de los judíos a la humanidad, la salvación que las naciones aguardan de los judíos.

El obsequio puede entregarse a través de la sabiduría de la Cabalá, a través de la Educación Integral, empleando los medios que Baal HaSulam sugiere en el artículo *La Nación*, o por cualquier otro medio que produzca un cambio fundamental en la naturaleza humana separatista por la unidad; de la animosidad a la empatía y el cuidado. Si logramos esta unidad, entre más diferencias de carácter existan, más fuerte y cálido será el vínculo.

Como lo describe Rabí Nathan Sternhertz, "Depende principalmente del hombre, el corazón de la creación, de quien todo depende. Por eso 'Ama a tu prójimo como a ti mismo' es el gran *Klal* (regla - pero también, colectivo) de la Torá, para que nos integremos en unidad y paz, que es el corazón de la vitalidad, persistencia y corrección de toda la creación, cuando los criterios desiguales de la gente se incluyan juntos con amor, unidad y paz".[271]

Ciertamente, la belleza de nuestro pueblo radica en su unidad, su cohesión. Nuestra nación empezó como un grupo de individuos que compartían un deseo común: descubrir la fuerza esencial de la vida. Descubrimos que era, en una palabra "amor", y lo descubrimos porque desarrollamos esa cualidad dentro de nosotros. Esa fuerza del amor nos unió, y con el espíritu del amor, buscamos compartir nuestro descubrimiento con cualquiera que lo quisiera.

Con el tiempo, hemos perdido nuestra conexión, primero entre nosotros, luego con la fuerza que descubrimos a través de nuestra unión. Pero ahora el mundo necesita que reavivemos ese vínculo, primero entre nosotros y después entre toda la humanidad.

Somos una nación privilegiada, una nación que tiene el regalo del amor, que es la cualidad del Creador. Recibir este regalo es la meta de la creación de la humanidad y nosotros somos el único conducto a través del cual este amor puede fluir a todas las naciones. Desde los albores de la humanidad, "Nunca tantos debieron tanto a tan pocos." parafraseando las palabras de Winston Churchill. Y sin embargo nunca tantos podrán recibir de tan pocos.

Ciertamente, como dice Baal HaSulam, "Le corresponde a la nación israelí capacitarse y capacitar a todos los pueblos del mundo… desarrollarse hasta que ellos tomen sobre sí mismos la sublime tarea del amor al prójimo, que es la escalera que lleva al propósito de la Creación, que es alcanzar *Dvekut* (equivalencia de forma) con Él".[272]

NOTAS

1. Rabí Yehuda Leib HaLevi Ashlag (Baal HaSulam), *Los escritos de Baal HaSulam, Los escritos de la última generación* (Ashlag Research Institute - Israel, 2009), 813-814.

2. *Masechet Derech Eretz Zuta*, Capítulo 9.

3. *Masechet Yoma*, p 9b.

4. Rabí Kalonymus Kalman Halevi Epstein, *Maor va Shemesh* (*Luz y Sol*), *Parashat* (Porción) Balak.

5. Jean M. Twenge and W. Keith Campbell, *The Narcissism Epidemic: Living in the Age of Entitlement* (*La epidemia del narcisismo, viviendo en la era del derecho propio*) (New York: Free Press, A Division of Simon & Schuster, Inc. 2009), 1.

6. Jean M. Twenge and W. Keith Campbell, *The Narcissism Epidemic*, (*La epidemia del narcisismo*) 1-2.

7. Rabí Moshe Ben Maimon (Maimónides), *Mishneh Torah* (*Repetición de la Torá)*, a.k.a. *Yad HaJazakah* (*La Mano poderosa*)), Part 1, *The Book of Science*, (*El libro de ciencia*) Capítulo 1, Ítem 3.

8. Rabí Yehuda HaLevi, *El Kozari, First Essay (Primer Ensayo)* Ítem 31, 60.

9. HaRav Abraham Yitzchak HaCohen Kuk, *Letters of the RAAIAH 3 (Cartas de RAAIAH 3)* (Mosad HaRav Kook, Jerusalén, 1950), 194-195.

10. Yehuda Leib Arie Altar (ADMOR of Gur), *Sefat Emet [Labios veraces], Parashat Yitro* [Porción, *Yitro*], *TARLAZ* (1876).

11. Rabí Shmuel Bornstein, *Shem MiShmuel [Un nombre de Samuel], Haazinu* [Presta oídos], *TARAP* (1920).

12. bid.

13. Rabí Yehuda Leib HaLevi Ashlag (Baal HaSulam), *Los escritos de Baal HaSulam, Paz en el mundo* (Ashlag Research Institute, Israel, 2009), 464-5.

14. Rabí Yehuda Leib HaLevi Ashlag (Baal HaSulam), *Los escritos de Baal HaSulam, El amor a los Creados y el amor a Dios* (Ashlag Research Institute, Israel, 2009), 486.

15. Yehuda Leib Arie Altar (ADMOR of Gur), *Sefat Emet [Labios Veraces], Parashat Yitro* [Portion, *Yitro*], *TARLAZ* (1876).

16. *Sefer HaYashar [El libro del Recto]*, Porción Noé, *Parasha* 13 Ítem 3.

17. *Pirkey de Rabí Eliezer [Chapters of Rabbi Eliezer]* (*Capítulos de Rabí Eliezer*), Capítulo 24.

18. ibid.

19. Rabí Moshé Ben Maimón (Maimónides), *Mishne Torá (Yad HaJazakah [La mano ponderosa]*), Parte 1, *The Book of Science (El Libro de Ciencia)* Capítulo 1, Ítem 1.

20. Maimónides, *Yad HaJazakah (La mano poderosa)*, Parte 1, *The Book of Science (El Libro de Ciencia)* Capítulo 1, Ítem 3.

21. Rabí Yehuda Leib HaLevi Ashlag (Baal HaSulam), *Los escritos de Baal HaSulam, Paz en el mundo* (Ashlag Research Institute, Israel, 2009), 406-7.

22. Maimónides, *Yad HaJazakah (La mano poderosa)*, Parte 1, *The Book of Science (El Libro de Ciencia)* Capítulo 1, Ítem 3.

23. *Midrash Rabá, Bereshit*, Porción 38, Ítem 13.

24. *Midrash Rabá, Bereshit*, Porción 38, Ítem 13.

25. Maimónides, *Yad HaJazakah (La mano poderosa)*, Parte 1, *The Book of Science (El Libro de Ciencia)* Capítulo 1, Ítem 3.

26. ibid.

27. ibid.

28. Rabí Meir Ben Gabai, *Avodat HaKodesh [El servicio sagrado]*, Parte 3, Capítulo 27.

29. Elimelech of Lizhensk, autor de *Noam Elimelej (La bondad de Elimelej)*, *Likutei Shoshana (Colecciones de larosa)* (Publicado por primera vez en Levov, Ucrania, 1788), puede verse en http://www.daat.ac.il/daat/vl/tohen.asp?id=173

30. Shlomo Efraim Luntsjitz, autor ode *Keli Yakar [Preciosa Vasija]*, *Acerca de Bereshit* [Génesis], 32:29.

31. Jaim ibn Attar, in *Ohr HaJaim [Luz de la vida]*, *Bamidbar* [Números], Capítulo 23, Ítem 8, https://sites.google.com/site/magartoratemet/tanach/orhahaym

32. Baruj Shalom Ashlag (Rabash), en *Los escritos de Rabash*, Vol. 1, Artículo 9, 1988-89 (Israel: Ashlag Research Institute, 2008), 50, 82, 163.

33. Rabí Meir Ben Gabai, *Avodat HaKodesh [El servicio sagrado]*, Parte 2, Capítulo 16.

34. Rabí Isaiah HaLevi Horowitz (The Santo Shlah), *Toldot Adam* [Las *generaciones del hombre*], *La casa de David* 7.

35. Rabí Yehuda Leib HaLevi Ashlag (Baal HaSulam), *Los escritos de Baal HaSulam, Introducción al Prefacio de la Sabiduría de la Cabalá* (Ashlag Research Institute, Israel, 2009), 155.

36. Rabí Yehuda Leib HaLevi Ashlag (Baal HaSulam), *Los escritos de Baal HaSulam, Introducción al Libro del Zóhar* (Ashlag Research Institute, Israel, 2009), 432.

37. Rabí Shlomo Ben Yitzhak (RASHI), *RASHI, Interpretation on the Torah (Interpretación de la Torá)*, *Sobre el Éxodo* 19:2.

38. Midrash Tanah De Bei Eliyahu Rabá, Capítulo 28.

39. Midrash *Tanhuma, Nitzavim*, Capítulo 1

40. Ithak Eliyahu Landau, Rabí Shmuel Landau, *Masechet Derech Eretz Zutah*, Capítulo 9, Ítems 28-29 (Vilna: Printer: Rabí Hillel, 1872), 57-58.

41. Talmud Babilónico, *Masechet Berachot* [Tratados Bendiciones] p 44a; Maimónides, *Mishneh Torah, Rules of Blessings, (Reglas de Bendiciones),* Capítulo 8, Regla 14; (Rabí Moshe Cordovero Ramak), *An Orchard of Pomegranates (Un huerto de granadas)*, Puerta 23, Capítulo 5; y muchos otros.

42. Rabí Isaiah HaLevi Horowitz (The Holy Shlah), *Masechet Pesachim,Sexta Interpretación*, (27); Rabí Menajem

Najum de Chernóbil, *Maor Eynaim [Ojos resplandecientes]*, *Lej Leja* [Vete por ti], Rabí Tzadok HaCohen de Lublin, *Los pensamientos de los diligentes*, Ítem 19, y muchos otros.

43. Yehuda Ashlag, *Talmud Eser Sefirot* (*El estudio de las diez Sefirot*), Parte 1, *Histaklut Pnimit* (*Reflexión interior*), Capítulo 2, Ítems 10-11 (Jerusalem: M. Klar, 1956), 17.

44. ibid.

45. Rabí Isaiah HaLevi Horowitz (El Santo Shlah), *Masechet Pesachim, Sexta Interpretación*, (27).

46. Rabí Nathan Sternhertz, *Likutey Halachot [Colección de reglas]*, Reglas de *Tefilat Arvit [Plegaria de la tarde]*

47. Yehuda Ashlag, *Talmud Eser Sefirot* (*El estudio de las diez Sefirot*), Parte 1, *Introducción al estudio de las diez Sefirot*, Ítems 104-105 (Jerusalem: M. Klar, 1956), 31.

48. Rabí Yehuda Leib HaLevi Ashlag (Baal HaSulam), *Los escritos de Baal HaSulam - Introducción al libro, Panim Meirot uMasbirot [Rostro Resplandeciente y Acogedor]* (Ashlag Research Institute, Israel, 2009), 150.

49. Rabí Itzhak Luria (El Santo ARI), *Tree of Life*, (Árbol de la vida) Puerta 39, Artículo 3.

50. Rabí Meïr Leibush ben Iehiel Michel Weiser (The MALBIM), sobre Reyes I, 8:10, Sección, *Explicación sobre el asunto.*

51. Rabí Pinhas HaLevi Horovitz, *Sefer HaMikneh [La obra de la compra]*, *Masechet Kidhushin* [Tratado del compromiso], p 82a.

52. Rabí Abraham Ben David, (The RABaD), *The RABaD Commentary on The Book of Creation (El comentario RABaD sobre el Libro de la Creación)* Capítulo 2, Estudio 2.

53. Rabí Yehuda Leib HaLevi Ashlag (Baal HaSulam), *Los escritos de Baal HaSulam, La Libertad* (Israel: Ashlag Research Institute, 2009), 415.

54. Rabí Nathan Neta Shapiro, *Reveals Deep Things (Revela asuntos profundos) Parashat Shemot* [Éxodo].

55. Rabí Yehuda Leib HaLevi Ashlag (Baal HaSulam), *Los escritos de Baal HaSulam, Introducción al libro, Panim Meirot uMasbirot [Rostro resplandeciente y acogedor]* (Ashlag Research Institute, Israel, 2009), 134.

56. Maimónides, *Yad HaJazakah (La mano poderosa)*, Parte 1, *The Book of Science*, (*El libro de ciencia*) Capítulo 1, Ítem 1.

57. Rabí Yehuda Leib HaLevi Ashlag (Baal HaSulam), *Los escritos de Baal HaSulam, Introducción al Libro del Zóhar*, Ítems 43-44 (Ashlag Research Institute, Israel, 2009), 444.

58. Rabí Baruj Shalom Ashlag (Rabash), *Los escritos de Rabash, En mi lecho por la noche* (Ashlag Research Institute, Israel, 2008), 129.

59. Rabí Shimon Bar Yojai (Rashbi), *El Libro del Zóhar (con el Comentario Sulam [Escalera] por Baal HaSulam, Nuevo Zóhar, Parashat Toldot*, Vol. 19, Ítem 31 (Jerusalén), 8-9.

60. Rabí Isaiah HaLevi Horowitz (El Santo Shlah), *Masechet Sukah* [Tratado, *Sukah*], Capítulo, Torá, Luz (13).

61. Rabí Neftali Tzvi Yehuda Berlin (NATZIV de Volozhin), *Haamek Davar [Profundiza en el tema]* sobre *Bereshit* [Génesis], Capítulo 47:28.

62. *Pirkey de Rabí Eliezer [Capítulos de Rabí Eliezer]*, Capítulo 24

63. Rabí Yehuda Leib HaLevi Ashlag (Baal HaSulam), *Los escritos de Baal HaSulam, Introducción al libro, Panim Meirot uMasbirot [Rostro resplandeciente y acogedor]* (Ashlag Research Institute, Israel, 2009), 134.

64. Rabí Isaiah HaLevi Horowitz (El Santo Shlah), *In Ten Utterances (En diez locuciones), Sexta locución*

65. Rabí Shimon Ashkenazi, *Yalkut Shimoni [La antologia Shimoní]*, Miqueas, Capítulo 7, continuación de la secrecía 556.

Michael Laitman

66. *Midrash Rabá, Shemot* [Éxodo], Porción 30, Párrafo 17.

67. Ramjal (Rabí Moshe Jaim Lozzatto), *Daat Tevunot*, 154, 165.

68. Rabí Yehuda Leib HaLevi Ashlag (Baal HaSulam), *Los escritos de Baal HaSulam, Shamati [Escuché]*, Artículo n. 5, *Lishmá es un despertar desde Arriba, y Por qué necesitamos un despertar desde Abajo* (Ashlag Research Institute, Israel, 2009), 518.

69. *Midrash Rabá, Kohelet* [Eclesiastés], Porción 1, Párrafo 34.

70. Rabí Isaiah HaLevi Horowitz (El Santo Shlah), *Gate of Letters(Puerta de las cartas)*, Ítem 60, *Satisfacción.*

71. Ramjal (Rabí Moshe Chaim Lozzatto), *Daat Tevunot*, 154, 165.

72. Maimónides, *Yad HaChazakah (La mano poderosa)*, Parte 1, *The Book of Science (Libro de la ciencia)*, Capítulo 1, Ítem 3.

73. Rabí Shlomo Ben Yitzhak (RASHI), *The RASHI Interpretation on the Torah*, (*La Interpretación RASHI sobre la Torá) Sobre Éxodo*, 19:2."

74. Talmud Babilónico, *Masechet Sanhedrin*, p 94b.

75."Se llama 'La Tierra de Canaan', porque todos los que desean morar allí deben ser subyugados por el sufrimiento todos sus días". (Rabí Jaim Vital (Rajú), *The Book of Knowledge of Good (El libro del conocimiento del bien) Bo [Llega]*)

76. Midrash *Tehilim* [Salmos], Salmo 34.77.Rabí Jaim Thirer, *A Well of Living Waters (Un pozo de aguas vivas) Toldot* [Generaciones], Capítulo 25 (cont.).

78. Rabí Behayei Ben Asher Even Halua, *Rabeinu Behayei about Beresheet* (*Rabeinu Behayei sobre Bereshit*) [Génesis], 46:27.

79. Rabí Yisrael Segal, *Netzah Yisrael* [*El poderío de Israel*], Capítulo 5.

80. Rabí Abraham Ben Meir Ibn Ezra, *Ibn Ezra about the Song of Songs(Ibn Ezra sobre el Cantar de los Cantares)* 7:3.

81. Rabí Menahem Nahum of Chernobil, *Maor Eynaim* [Luz de los ojos], *Bereshit* [Génesis].

82. Jonathan ben Natan Netah Eibshitz, *Yaarot Devash* [*Panales*], Parte 1, Tratado 13 (cont.).

83. Abraham Ben Mordechai Azulai, Introduction to the book, *Ohr HaChama* (*Introducción al libro, Ohr HaJama) (Luz del sol*), 81.

84. Rabí Jaim Vital, *The Writings of the Ari, Tree of Life*, (*Los escritos del Arí, El Árbol de la Vida*), Parte Uno, *Introducción de Rav Chaim Vital*, 11-12

85. The Vilna Gaon (HaGRA), *Even Shlemah* (*Un peso perfecto y justo*), Capítulo 11, Ítem 3

86. Rabí Yitzhak Yehuda Yehiel de Komarno, *Notzer Hesed* [*Guardando la misericordia*], Capítulo 4, Enseñanza 20

87. Rabí Yitzhak HaCohen Kook (Raiah), *Orot* [*Luces*], 95.

88. Rabí Yitzhak HaCohen Kook (Raiah), *Otzrot HaRaiah* [*Tesoros de Raiah*], 2, 317

89. Rabí Moshe Jaim Lozzatto (Ramjal), *Adir BaMarom* [*El Todopoderoso en lo Alto*], *Explicación del sueño deDaniel* (Varsovia, 1885).

90. Rabí Moshe Jaim Lozzatto (Ramjal), *The Commentary of Ramchal on the Torah, BaMidbar* (*El comentario de Ramjal sobre la Torá) BaMidbar* [Números].

91. Rabí Yitzhak HaCohen Kuk (Raiah), *Letters the Raiah* (*Cartas de Raiah)* Vol. 2, 34.

92. Rabí Yitzhak HaCohen Kuk (Raiah), *Orot* [*Luces*], 16.

93. Rabí Yehuda Leib HaLevi Ashlag (Baal HaSulam), *Los escritos de Baal HaSulam, El Shofar del Mesías* (Ashlag

Research Institute, Israel, 2009), 457.

94. Rabí Yehuda Leib HaLevi Ashlag (Baal HaSulam), *Los escritos de Baal HaSulam, La Arvut [La garantía mutua]*, Ítem 28 (Ashlag Research Institute, Israel, 2009), 397.

95. Rabí Moshe Jaim Lozzatto (Ramjal), *The Commentary of Ramchal on the Torah, BaMidbar (El Comentario de Ramjal sobre la Torá, BaMidbar) [Números]*.

96. Yitzhak Isaac Hever Wildman, *Beit Olamim [Una casa eterna]* (Varsovia, 1889), 130a.

97. Rabí Moshe Jaim Lozzatto (Ramjal), *Essay of the Tenets (Ensayo sobre los preceptos)*, (Oybervisha (Felsövisó) Rumania, 1928), 15. Fuente en línea: http://www.hebrewbooks.org/33059

98. Rabí Abraham Isaac HaCohen Kuk (Raaiah) (apareció en *HaPeles*, una revista rabínica, Berlín, Alemania, 1901) A. The Vocation of Israel and Its Nationality, (A. *La Vocación de Israel y su Nacionalidad*, Capítulo 1, p 26).

99. HaRav Abraham Yitzchak HaCohen Kuk, , *Letters of the RAAIAH 3, (Cartas de RAAIAH 3)*, 194-195.

100. Rabí Abraham Isaac HaCohen Kuk (Raaiah), *Ein Ayah [Un ojo de halcón]*, Shabbat 1, p 188.

101. Rabí Neftali Tzvi Yehuda Berlin (El *NATZIV* de Volozhin), *Haamek Davar [Profundiza en el asunto] acerca de Devarim [Deuteronomio]*, Capítulo 27:5.

102. Johannes Reuchlin, *De Arte Cabbalistica* (Hagenau, Alemania: Tomas Anshelm, Marzo, 1517), 126.

103. Fuente: *A Book of Jewish Thoughts, (Un libro de pensamientos judíos)*, ed. J. H. Hertz (Londres: Oxford University Press, 1920), 134.

104. Paul Johnson, (historiador cristiano), *A History of the Jews (Una historia de los judíos)* (New York: First Perennial Library, 1988), 585-6.

105. Thomas Cahill, *The Gifts of the Jews: How a Tribe of Desert Nomads Changed the Way Everyone Thinks and Feels (Los regalos de los judíos: cómo una tribu de nómadas del desierto cambiaron la manera en que todos piensan y sienten)*(New York: Nan A. Talese/Anchor Books (imprints of Doubleday), 1998), 3.

106. Rabí Shmuel Bornstein, *Shem MiShmuel [Un nombre de Samuel]*, *Miketz [Al final]*, TARPA (1921).

107. Rabí Yehuda Leib HaLevi Ashlag (Baal HaSulam), *Los escritos de Baal HaSulam, La sabiduría de la Cabalá y la filosofía* (Ashlag Research Institute: Israel, 2009), 38.

108. Terrot Reavely (T.R.) Glover, *The Ancient World (El mundo de la antigüedad)* (US: Penguin Books, 1944), 184-191.

109. Herman Rauschning, *The Beast From the Abyss (La bestia del abismo)* (UK: W. Heinemann, 1941), 155-56.

110. Josephus Flavius, *The Wars of the Jews (Las guerras de los judíos)*, Capítulo 1, traducido por William Whiston en *The Works of Flavius Josephus (Las obras de Flavio Josefo)* (UK: Armstrong and Plaskitt AND Plaskitt & Co., 1835), 564

111. William Whiston, *The Works of Flavius Josephus (Las obras de Flavio Josefo)*, 565.

112. Yaakov (Jacob) Leschzinsky, *The Jewish Dispersion (La dispersión judía)* (Israel, World Zionist Organization, 1961), 9.

113. The Holy ARI, *Ocho Puertas, Shaar HaPsukim* [Puerta a los versos], *Parashat Shemot* [Porción, Éxodo].

114. Rabí Neftali Tzvi Yehuda Berlin (El *NATZIV* de Volozhin), *Haamek Davar [Profundiza en el asunto]* acerca de *Devarim [Deuteronomio]*, Capítulo 27:5.

115. Rabí Yehuda Leib HaLevi Ashlag (Baal HaSulam), *Los escritos de Baal HaSulam*, Ensayos de *Shamatí [Escuché]*, ensayo 86, *Y construyeron ciudades de almacenaje* (Ashlag Research Institute, Israel, 2009), 591.

116. ibid.

Michael Laitman

117. Rabí Yehuda Leib HaLevi Ashlag (Baal HaSulam), *Los escritos de Baal HaSulam, ElArvut [La garantía mutua]* (Ashlag Research Institute: Israel, 2009), 393.

118. Rabí Yehuda Leib HaLevi Ashlag (Baal HaSulam), *Los escritos de Baal HaSulam, Una sirvienta que es heredera de su ama* (Ashlag Research Institute, Israel, 2009), 454.

119. *Midrash Rabá, "Cantar de los Cantares,"* Parasha 4, 2° párrafo.'

120. Talmud Babilónico, *Masejet Pesajim*, p 87b.

121. Yehuda Leib Arie Altar (ADMOR of Gur), *Sefat Emet [Labios veraces]*, Parashat Yitro [Porción, Yitro], TARLAZ (1876).

122. Hillel Tzaitlin, (*The Book of a Few) El libro de unos pocos* (Jerusalem, 1979), 5.

123. Rabí Yehuda Leib HaLevi Ashlag (Baal HaSulam), *Los escritos de Baal HaSulam, El amor de Dios y el amor del Hombre* (Ashlag Research Institute, Israel, 2009), 486.

124. Johann Wolfgang von Goethe, *Wilhelm Meisters Lehrjahre, Los años de aprendizaje de Wilhelm Meister* (Berlín, Alemania), Johann Friedrich Unger, 1795-1796), 359.

125. Glover, *The Ancient World) (El mundo de la antigüedad)* 184-191.

126. Ernest van den Haag, *The Jewish Mystique (La mística judía)* (US, Stein & Day, 1977), 13.

127. Blaise Pascal, *Pensees*, (Pensamientos) trans. W.F. Trotter, Introducción por T.S. Eliot (Benediction Books, 2011), 205.

128. Ashlag, *Talmud Eser Sefirot (El estudio de las diez Sefirot)*, Parte 1, *Introducción al estudio de las Diez Sefirot* 31.

129. Talmud,Babilónico *Masechet Hulin*, p 89a.

130. Maimónides, *The Writings of Rambam* [Maimónides], "The Ethics of the Rambam to His Son, Rabbi Abraham."*Los escritos de Ramban* [Maimónides], *La ética de Rambam a su hijo*, Rabí Abraham.

131. Elimelej of Lizhensk, *Noam Elimelej (La bondad de Elimelej)*, Parashat Beshalaj [Porción, Cuando Faraón envió].

132. Rabí Jacob Joseph Katz, *Toldot Yaakov Yosef [Las generaciones de Jacob Joseph]*, BeShalach [Cuando Faraón envió], Ítem 1.

133. Rabí Katz, *Toldot Yaakov Yosef [Las generaciones de Jacob Joseph]*, Ajarei [Después de la muerte], Ítem 1.

134. Jonathan ben Natan Netah Eibshitz, *Yaarot Devash [Panales]*, Parte 2, Tratado 10.

135. Rabí Yehuda Leib HaLevi Ashlag, *Shamati [Escuché]*, ensayo 144, *Hay un cierto pueblo* (Canadá, Laitman Kabbalah Publishers, 2009), 300.

136. ibid.

137. Rabí Abraham Yitzchak HaCohen Kuk (Raaiah), *Essays of the Raaiah (Ensayos de Raaiah)*, Vol. 1, pp 268-269.

138. Rabí Yehuda Leib HaLevi Ashlag (Baal HaSulam), *Los escritos de Baal HaSulam, La Libertad* (Ashlag Research Institute, Israel, 2009), 420.

139. Talmud, Babilónico *Masechet Sanhedrin*, 97b.

140. Talmud, Babilónico *Masechet Avodah Zarah [Idolatría]*, 2b.

141. Nuevo Testamento, Juan 4:22

142. Nuevo Testamento, Romanos 3:1-2

143. Martin Gilbert, *Churchill and the Jews (Churchill y los judíos)* (UK, Simon & Schuster, 2007), 38.

144. *A Book of Jewish Thoughts,* (*Un libro de pensamientos judíos*) ed. J. H. Hertz (Oxford University Press, 1920), 131

145. Professor Huston Smith, *The Religions of Man* (*El hombre religioso*) (New York: HarperCollins, 1989).

146. Leon Tolstoy, "What is the Jew?" (¿Quién es este judío? Citado en *The Final Resolution*, (La resolución final) p 189, impreso en el periódico *Jewish World*, 1908.

147. Paul Johnson, (Christian historian), *A History of the Jews (Una historia de los judíos)* (New York, First Perennial Library, 1988), 2.

148. Rabí Yitzhak HaCohen Kuk (Raiah), *Essays of the Raaiah,* (*Ensayos de Raaiah*) vol. 2, *The Great Call for the Land of Israel, (El gran llamado a la tierra de Israel)* 323.

149. Aaron Soresky, "The ADMOR, Rabí Yehuda Leib Ashlag ZATZUKAL - Baal HaSulam: 30th Anniversary of His Departure," (30° Aniversario de su partida) *Hamodia*, 9, Tishrey, TASHMAV (Septiembre 24, 1985).

150. Rabí Abraham Yitzchak HaCohen Kuk (Raaiah), *Essays of the Raaiah,* (*Ensayos de Raaiah*) Vol. 1, pp 268-269.

151. Rabí Yehuda Leib HaLevi Ashlag (Baal HaSulam), *Los escritos de Baal HaSulam - Los escritos de la última generación* (Ashlag Research Institute, Israel, 2009), 853.

152. Rabí Yehuda Leib HaLevi Ashlag (Baal HaSulam), *Los escritos de Baal HaSulam - Los escritos de la última generación* (Ashlag Research Institute, Israel, 2009), 841.

153. Rabí Yehuda Leib HaLevi Ashlag (Baal HaSulam), *Los escritos de Baal HaSulam - Los escritos de la última generación* (Ashlag Research Institute, Israel, 2009), 841.

154. Henry Ford, *The International Jew - T he World's Foremost Problem* (*El judío internacional - el principal problema del mundo*) (The Noontide Press: Books On-Line), 8.

155. Henry Ford, *The International Jew - TheWorld's Foremost Problem* (*El judío internacional - el principal problema del mundo*) (The Noontide Press: Books On-Line), 28.

156. John Adams, en una carta a F. A. Vanderkemp (16 February 1809), citado en *The Roots of American Order (Las raíces del orden américano)* (1974) by Russel Kirk.

157. Mark Twain, *The Complete Essays of Mark Twain*, "Concerning The Jews" (*Los ensayos completos de Mark Twain - Acerca de los judíos*) (published in Harper's Magazine, 1899), Doubleday, [1963], pg. 249.

158. Martin Gilbert, *Churchill and the Jews* (*Churchill y los judíos*) (UK, Simon & Schuster, 2007), 16.

159. Ronnie S. Landau, *The Nazi Holocaust: Its History and Meaning* (*El Holocausto nazi: su historia y su significado*) (US, Ivan R. Dee, 1994), 137.

160. Ronnie S. Landau, *The Nazi Holocaust: Its History and Meaning* (*El Holocausto nazi: su historia y su significado*) (US, Ivan R. Dee, 1994), 137.

161. Yad Vashem, Shoah Resource Center, *Evian Conference (Conferencia de Évian)* url: http://www1.yadvashem. org/odot_pdf/Microsoft%20Word%20-%206305.pdf

162. Yad Vashem, *Related Resources Evian conference, (Expedientes relacionados: Conferencia de Évian)* url: http://www1.yadvashem.org/yv/en/exhibitions/this_month/resources/evian_conference.asp

163. Baal HaSulam, *Los escritos de Baal HaSulam, Los escritos de la última generación,* 832-833.

164. Eric Hoffer, *Los Angeles Times*, May 26, 1968.

165. De M.L. King Jr., Letter to an Anti-Zionist Friend, (*Carta a un amigo anti-sionista*) *Saturday Review* XLVII (Agosto 1967), p. 76 Reimpreso en M.L. King Jr., "This I Believe: Selections from the Writings of Dr. Martin Luther King Jr." (*M.L.King Jr., Esto creo: selecciones de los escritos del doctor Martin Luther King, Jr.*), url: http://www.

Michael Laitman

internationalwallofprayer.org/A-022-Martin-Luther-King-Zionism.html

166. U.S. Department of State, "Report on Global Anti-Semitism (Departamento de Estado de Estados Unidos. Reporte acerca del anti-semitismo global) (January 5, 2005), url: http://www.state.gov/j/drl/rls/40258.htm

167. Ruth Ellen Gruber, *Anti-Semitism without Jews, (Antisemitismo sin judíos)* url: http://www.annefrank.org/ ImageVaultFiles/id_11774/cf_21/Gruber.pdf

168. Robert Fulford, *Anti-Semitism without Jews in Malaysia, (Anti-semitismo sin judíos en Malasia) National Post* (October 6, 2012), url: http://fullcomment.nationalpost.com/2012/10/06/robert-fulford-anti-semitism-without-jews-in-malaysia/

169. Robert Fulford, *Anti-Semitism without Jews in Malaysia, (Anti-semitismo sin judíos en Malasia) National Post* (October 6, 2012), url: http://fullcomment.nationalpost.com/2012/10/06/robert-fulford-anti-semitism-without-jews-in-malaysia/

170. Rabí Nathan Neta Shapiro, *Reveals Deep Things, Parashat Shemot* [Exodus]. *(Revela asuntos profundos, Parashat Shemot [Éxodo])*

171. La lectura de la Haftará (salida) sigue a la lectura de la Torá en cada Shabat y festividad judía y ayuno. Al lector de la Haftará se le nombra Maftir.

172. Diaspora, *The Jewish Encyclopedia, (La Enciclopedia Judía)* url: http://www.jewishencyclopedia.com/ articles/5169-diaspora.

173. ibid.

174. ibid.

175. Dan Cohn-Sherbok, *The Paradox of Anti-Semitism (La paradoja del anti-semitismo)* (UK: Continuum International Publishing Group, 2006), XIV (Preface).

176. William Whiston, *The Works ofFlavius Josephus, (Las obras de Flavio Josefo)* 565.

177. ibid.

178. Josephus Flavius, *Antiquitiesof the Jews, (Las antigüedades de los judíos)* XIV, 115.

179. Diaspora, *The Jewish Encyclopedia, (La Enciclopedia Judía)* url: http://www.jewishencyclopedia.com/ articles/5169-diaspora.

180. Norman Roth, *Jews, Visigoths, and Muslims in Medieval Spain: cooperation and conflict (Judíos, visigodos y musulmanes en la España Medieval: cooperación y conflicto)* (The Netherlands, E.J. Brill, 1994), 2.

181. ibid.

182. Jane S. Gerber, *The Jews of Spain: A History of the Sephardic Experience (Los judíos en España: una historia de la experiencia sefaradí)* (New York, Free Press; November 2, 1992), Kindle edition.

183. ibid.

184. Rabí Shimon Bar Yojay (Rashbi), *El Libro del Zóhar* (con el Comentario *Sulam* [La escalera] por Baal HaSulam, *Noah*, Vol. 3, Ítem 385 (Jerusalem), 132.

185. Michael Grant, *From Alexander to Cleopatra: the Hellenistic World (De Alejandro a Cleopatra: El mundo helenístico)* (New York: Charles Scribner & Sons, 1982), 75.

186. Citado en *The Treasury of Religious and Spiritual Quotations (El tesoro de las citas religiosas y espirituales)* (US, Readers Digest, January 1, 1994) 280.

187. Jacob Rader Marcus, *The Jew in the Medieval World: A Sourcebook: 315-1791, (El judío en el mundo medieval: Un libro de consulta: 315 – 1791)* (US: Hebrew Union College Press, 1999), 60-61.

188. ibid.

189. Dr. Erwin W Lutzer with Steve Miller, *The Cross in the Shadow of the Crescent: An Informed Response to Islam's War with Christianity (La cruz a la sombra de la creciente: una respuesta avezada a la Guerra del Islam con la Cristiandad)* (Harvest House Publishers, Oregon, 2013), 65.

190. Israel Zinberg, *History of Jewish Literature: The Jewish Center of Culture in the Ottoman Empire, (Historia de la literatura judía: El centro judío de cultura en el Imperio Otomano)*Vol 5 (New York, Ktav Pub. House, 1974), 17.

191. Hillel Tzaitlin, *The Book of a Few*, (El Libro de Unos Pocos), (Jerusalem, 1979), 5.

192. Sol Scharfstein, *Understanding Jewish History: From Renaissance to the 21st Century (Comprendiendo la historia judía: desde el Renacimiento hasta el Siglo 21)* (Printed in Hong Kong, Ktav Publishing House, 1997), 163-164.

193. Salo W. Baron, *Ghetto and Emancipation: Shall We Revise the Traditional Views?, (Gueto y emancipación: ¿revisaremos las perspectivas tradicionales?)* en: *The Menorah Treasury: Harvest of Half a Century* (Philadelphia: Jewish Publication Society of America, 1964), 52.

194. Salo W. Baron, *Ghetto and Emancipation: Shall We Revise the Traditional Views? (Gueto y emancipación: ¿revisaremos las perspectivas tradicionales?)* en: *The Menorah Treasury: Harvest of Half a Century*, 54-55.

195. Rabí Shmuel Bornstein, *Shem MiShmuel [Un nombre de Schmuel*], *VaYakel* [Y Moisés reunió], *TAR'AV* (1916)

196. *Assimilation and Community: The Jews in Nineteenth-Century Europe, (Asimilación y comunidad, los judíos en la Europa del Siglo diecinueve)*, Ed: Jonathan Frankel, Steven J. Zipperstein (UK, Cambridge University Press, 1992), 8.

197. *Assimilation and Community: The Jews in Nineteenth-Century Europe, (Asimilación y comunidad, los judíos en la Europa del Siglo 19)* Ed: J. Frankel, S.J. Zipperstein, 12.

198. *Emancipation, (Emancipación), Jewish Virtual Library*, url: http://www.jewishvirtuallibrary.org/jsource/judaica/ejud_0002_0006_0_05916.html

199. Werner Eugen Mosse, *Revolution and Evolution: 1848 in German-Jewish History, (Revolución y evolución: 1848 en la Historia Judeo-Alemana)* (Alemania, J.C.B. Mohr (Paul Siebeck) Tubingen, 1981), 255-256.

200. Eugen Mosse, *Revolution and Evolution: 1848 in German-Jewish History, (Revolución y evolución: 1848 en la Historia Judeo-Alemana)* 260.

201. Donald L. Niewyk, *The Jews in Weimar Germany, (Los judíos en la Alemania Weimar)* (New Jersey, Transactions Publishers, New Brunswick, 2001), 95.

202. Niewyk, *The Jews in Weimar Germany*, (*Los judíos en la Alemania Weimar)*, 84.

203. ibid.

204. Cohn-Sherbok, *The Paradox of Anti-Semitism*, (*La paradoja del anti-semitismo)* XIV (Prefacio).

205. Adolf Hitler, *Mein Kampf* (US, Noontide Press, 2003), 51.

206. Ludwig Feuerbach, *The Essence of Christianity*, (La esencia del cristianismo) trans. Marian Evans (London, John Chapman, 1843), 113.

207. *Assimilation and Community: The Jews in Nineteenth-Century Europe, (Asimilación y comunidad, los judíos en la Europa del Siglo diecinueve)* Ed: Jonathan Frankel, Steven J. Zipperstein, 12.

208. *Conservative Judaism, (Judaísmo conservador)* N *The Encyclopaedia Britannica*, url: http://www.britannica.com/EBchecked/topic/133461/Conservative-Judaism

209. Michael A. Meyer, *Response to Modernity: A History of the Reform Movement in Judaism (Respuesta a la*

modernidad: una historia del movimiento reformista del judaísmo) (Detroit, US: Wayne State University Press, 1995), 226.

210. Meyer, *Response to Modernity: A History of the Reform Movement in Judaism*, (*Respuesta a la modernidad: una historia del movimiento reformista del judaísmo*) 227.

211. Reform Judaism: A Centenary Perspective, Adopted in San Francisco – 1976 (*Reforma del Judaísmo: una perspectiva centenaria, adoptada en San Francisco*) (Oct. 27, 2004), url: http://ccarnet.org/rabbis-speak/platforms/reform-judaism-centenary-perspective/

212. ibid.

213. Rabí Yehuda Leib HaLevi Ashlag (Baal HaSulam), *Los escritos de Baal HaSulam, Introducción al Libro del Zóhar* (Ashlag Research Institute, Israel, 2009), 450-453.

214. ibid.

215. ibid.

216. ibid.

217. Rabí Yehuda Leib HaLevi Ashlag (Baal HaSulam), *Los escritos de Baal HaSulam, La nación* (Ashlag Research Institute, Israel, 2009), 489.

218. ibid.

219. Rabí Yehuda Leib HaLevi Ashlag, *Shamati [Escuché]*, Ensayo 144, *Hay un cierto pueblo* (Canadá, Laitman Kabbalah Publishers, 2009), 300.

220. Adolf Hitler, *Mein Kampf* (The Noontide Press: Books On-Line), 219, url: www.angelfire.com/folk/bigbaldbob88/MeinKampf.pdf

221. Roger Federer: 2016 Games possible, (*Roger Federer: 2016 Juegos posibles*) *Associated Press*, July 26, 2012, url: http://espn.go.com/olympics/summer/2012/tennis/story/_/id/8202865/roger-federer-leaning-competing-rio-2016-body-holds-up.

222. *School for Culture Education, Be'eri Program*, (*Escuela para educación cultural*), Shalom Hartman Institute, June 26, 2011. url: http://medaon.org/files/zehutariel.pdf.

223. *Pirkey de Rabí Eliezer* (Capítulos de Rabí Eliezer), Capítulo 24.

224. Midrash Rabá, *Bereshit* [Génesis], *Parasha* 39, Párrafo 3.

225. Rabí Behayei Ben Asher Iben Haluah, *Rabeinu* [Nuestro Rav] *Behayei, Bereshit* [Génesis] 15:6.

226. Associated Press, *Recession will likely be longest in postwar era, La recesión probablemente será más duradera en la era de la post guerra*) MSNBC (Marzo, 2009), http://www.msnbc.msn.com/id/29582828/wid/1/page/2/

227. Clive Thompson, *Are Your Friends Making You Fat?, ¿Tus amigos te hacen engordar? The New York Times* (Septiembre 10, 2009), http://www.nytimes.com/2009/09/13/magazine/13contagion-t.html?_r=1&th&emc=th

228. ibid.

229. ibid.

230. ibid.

231. *Nicholas Christakis: The hidden influence of social networks* (*Nicholas Christakis: la influencia oculta de las redes sociales)* (una entrevista televisada, cita tomada del minuto 17:11), TED 2010, http://www.ted.com/talks/nicholas_christakis_the_hidden_influence_of_social_networks.html

232. Anthony Giddens, *Runaway World: How Globalization Is Reshaping Our Lives (Un mundo fuera de control, la*

globalización está remodelando nuestras vidas) (N.Y., Routledge, 2003), 6-7.

233. Dr. Leandro Herrero, *Homo Imitans: The Art of Social Infection: Viral Change in Action* (*Homo Imitans: el arte del contagio social: el cambio viral en acción*), (UK: Meetingminds Publishing, 2011), 4.

234. ibid.

235. Pascal Lamy "Lamy underlines need for 'unity in our global diversity,'" (*Lamy resalta la necesidad de la unidad en nuestra diversidad global*) World Trade Organization (WTO) (Junio 14, 2011), http://www.wto.org/english/news_e/sppl_e/sppl194_e.htm

236 Dr. Christian Jarrett, *Mirror Neurons: The Most Hyped Concept in Neuroscience? (Las neuronas espejo: ¿el concepto más promocionado en la neurociencia?)* Psychology Today (Diciembre 10, 2012), url: http://www.psychologytoday.com/blog/brain-myths/201212/mirror-neurons-the-most-hyped-concept-in-neuroscience

237. ibid.

238. Nicholas A. Christakis, *James H. Fowler, Connected: The Surprising Power of Our Social Networks and How They Shape Our Lives -- How Your Friends' Friends' Friends Affect Everything You Feel, Think, and Do,* (*Conectados: el sorprendete poder de nuestras redes sociales y cómo moldean nuestras vidas – cómo los amigos de tus amigos afectan todo lo que sientes, piensas y haces*) – (USA, Little, Brown and Company, January 12, 2011), 305.

239. Maimónides, *Yad HaJazakah* (*La mano poderosa*), Parte 1, *El libro de la ciencia,* Capítulo 1, Ítem 3.

240. Rabí Yehuda Leib HaLevi Ashlag (Baal HaSulam), *Los escritos de Baal HaSulam, La Libertad* (Israel: Ashlag Research Institute, 2009), 414.

241. *Evolution Can Occur in Less Than Ten Years, La evolución puede suceder en menos de diez años,* Science Daily (Junio 15, 2009), http://www.sciencedaily.com/releases/2009/06/090610185526.htm

242. John Cloud, Why Your DNA Isn't Your Destiny, *Por qué tu ADN no es tu destino,* Time Magazine (Enero 06, 2010), url: http://www.time.com/time/magazine/article/0,9171,1952313,00.html.

243. ibid.

244. Rabí Yehuda Leib HaLevi Ashlag (Baal HaSulam), *Los escritos de Baal HaSulam, La Libertad* 419.

245. ibid.

246. ibid.

247. Rabí Yehuda Leib HaLevi Ashlag (Baal HaSulam), *Los escritos de Baal HaSulam, La Libertad* 419.

248. ibid.

249. Cita de la película, *Crossroads: Labor Pains of a New Worldview,* (Encrucijada: Dolores de parto de una nueva visión del mundo) por Joseph Ohayon, publicada Diciembre 31, 2012, wn Youtube, url: https://www.youtube.com/watch?v=5n1p9P5ee3c, 2:53 desde el principio.

250. Thomas J. Murray, Ed.D., *What is the Integral in Integral Education? From Progressive Pedagogy to Integral Pedagogy, (Qué es lo integral de la Educación Integral. De la pedagogía progresiva a la pedagogía integral)* Integral Review (June 2009), Vol. 5, No. 1, p 96.

251. http://en.wikipedia.org/wiki/Integral_education.

252. http://www.merriam-webster.com/dictionary/homeostasis

253. T. Irene Sanders and Judith McCabe, PhD, *The Use of Complexity Science: a Survey of Federal Departments and Agencies, Private Foundations, Universities, and Independent Education and Research Centers,* (*El empleo de las ciencias complejas: una investigación de las Agencias y Oficinas Federales, Fundaciones Privadas, Universidades, y Centros de de Investigación y de Educación Independiente),* Octubre 2003, Washington Center for Complexity &

Public Policy, Washington, DC. url: www.hcs.ucla.edu/DoEreport.pdf

254. Rabí Yehuda Leib HaLevi Ashlag (Baal HaSulam), *Los escritos de Baal HaSulam*, 44.

255. Jon R Katzenbach & Douglas K Smith, *The Wisdom of Teams: Creating the High-Performance Organization (La sabiduría de los equipos: crear organización de alto rendimiento)* (US: Harvard Business School Press, January 1, 1992), 37-38.

256. Departamento de Educación de Estados Unidos, Guía para los medios - Asistencia para sus hijos en la etapa de inicio de la adolescencia, http://www2.ed.gov/parents/academic/help/adolescence/index.html

257. Sistema de Salud de la Universidad de Michigan, *La televisión y los niños* http://www.med.umich.edu/yourchild/topics/tv.htm

258. ibid.

259. Barbara M. Newman and Philip R. Newman, *Development Through Life: A Psychosocial Approach, (Desarrollo a través de la vida: una visión psicosocial)* (Belmont, CA: Wadsworth Cengage Learning, 20el 08),250

260. Elliot Aronson, *The Social Animal, El animal social,* pp 153-54, quoted in: Alfie Kohn, *No Contest: The Case Against Competition (Sin contienda: un caso en contra de la competitividad)* (NY: Houghton Mifflin Company, 1986), 2.

261. Jeffrey Norris, *Yamanaka's Nobel Prize Highlights Value of Training and Collaboration, (Yamanaka, Premio Nobel, destaca el valor de la capacitación y la colaboración).* UCSF News Section (Octubre 11, 2012), url: http://www.ucsf.edu/news/2012/10/12949/yamanakas-nobel-prize-highlights-value-training-and-collaboration

262. ibid.

263. ibid.

264. Johnson and Johnson, *Educational Psychology Success Story, (Psicología educativa: una historia de éxito)* 368

265. Muchos son los libros sobre narcisismo en la sociedad Americana. Buenos ejemplos serían, Jean M. Twenge and W. Keith Campbell, *The Narcissism Epidemic: Living in the Age of Entitlement (La epidemia de narcisismo: viviendo en la era del derecho propio* (New York: Free Press, A Division of Simon & Schuster, Inc. 2009), y Christopher Lasch, *The Culture of Narcissism: American Life in an Age of Diminishing Expectations (La cultura del narcisismo: la vida Americana en la era de las expectativas disminuidas)* (USA: Norton & Company, May 17, 1991)

266. ibid.

267. ibid.

268. Johnson y Johnson, *Educational Psychology Success Story,(Psicología educativa: una historia de éxito)* 371

269. ibid.

270. Midrash Rabá, *Bereshit* (Génesis), Porción 38, P 6.

271. Rabí Nathan Sternhertz, *Likutey Halachot* [Reglas Clasificadas], Reglas de *Tefilat Arvit* [Plegaria de la Tarde], Regla 4.

272. Rabí Yehuda Leib HaLevi Ashlag (Baal HaSulam), *Los escritos de Baal HaSulam, Arvut* [Garantía Mutua], Ítem 28 (Ashlag Research Institute, Israel, 2009), 393.

Acerca de *Bnei Baruj*

Bnei Baruj es el mayor grupo de cabalistas en *Israel*, que comparte la sabiduría de la Cabalá con el mundo entero. Los materiales de estudio se distribuyen en 32 idiomas y están basados en textos de Cabalá auténtica que han sido transmitidos de generación en generación.

Historia y origen

El Rav Dr. Michael Laitman, Profesor de Ontología y Teoría del Conocimiento, Doctor en Filosofía y Cabalá, Máster en Medicina Bio-Cibernética, estableció *Bnei Baruj* en 1991, tras el fallecimiento de su maestro, *Rav Baruj Shalom HaLevi Ashlag* (*El RaBaSh*). El Dr. Laitman denominó a su grupo *Bnei Baruj* (hijos de *Baruj*) para honrar la memoria de su mentor, de quien nunca se apartó en sus últimos 12 años de vida del *RaBaSh*, desde 1979 hasta 1991. Fue el principal estudiante de *Ashlag* y su asistente personal, y es reconocido como el sucesor del método de enseñanza del *RaBaSh*.

Este fue el primogénito y sucesor del más grande cabalista del siglo XX, *Rabí Yehuda Leib HaLevi Ashlag*, autor del más exhaustivo y autorizado comentario sobre el *Libro del Zóhar*, llamado *Sulam* (Escalera), el primero en revelar el método completo para la elevación espiritual. Esta es también la razón del epíteto de *Ashlag, Baal HaSulam* (Dueño de la Escalera). *Bnei Baruj* basa enteramente su método en el camino pavimentado por esos grandes líderes espirituales.

El método de estudio

El método único de estudio desarrollado por *Baal HaSulam* y su hijo, el *RaBaSh*, se enseña y aplica diariamente por *Bnei Baruj*. Este método se apoya en fuentes auténticas de Cabalá, como *El Libro del Zóhar* (*Rabí Shimon Bar Yojai*), los escritos del *ARÍ*, *El Árbol de la Vida* (*Etz Jaim*), y también en los libros escritos por *Baal HaSulam* – *El Talmud Eser Sfirot* (*El Estudio de las Diez Sfirot*) y el *Sulam*, el comentario de *El Libro del Zóhar*. Aunque estos estudios se basan en fuentes auténticas de Cabalá, son transmitidas de una forma sencilla y actual. El desarrollo de esta metodología ha hecho de *Bnei Baruj* una organización internacionalmente reconocida y muy respetada en *Israel*. La combinación única de un método de estudio académico junto con experiencias personales, amplía la perspectiva de los estudiantes y les recompensa con una nueva percepción de la realidad en la que viven. El método de estudio dota a aquellos que se encuentran en el camino espiritual con sensitivas herramientas que les permiten descubrirse a sí mismos y a su realidad circundante.

El mensaje

Bnei Baruj es un movimiento pluralista que sobrepasa los dos millones de estudiantes en todo el planeta. Cada estudiante escoge su propio camino e intensidad, de acuerdo a sus condiciones personales y habilidades. En años recientes, ha desarrollado una actividad involucrada en proyectos voluntarios educacionales, presentando las fuentes de la Cabalá genuina en un lenguaje moderno. La esencia de este mensaje diseminado por *Bnei Baruj* es la unidad de las personas, de las naciones y el amor del ser humano. Durante miles de años, los cabalistas han estado enseñando que el amor entre los humanos es el fundamento del Pueblo de *Israel*. Este amor prevaleció en los tiempos de *Avraham*, *Moshé* (Moisés) y del grupo de cabalistas que ellos establecieron. El amor fue el combustible que propulsó al Pueblo de *Israel* en sus extraordinarios descubrimientos. Con el discurrir del tiempo, el hombre desarrolló un odio infundado, la nación cayó en el exilio y la aflicción. Si permitimos albergar nuevamente esos antiguos pero permanentes valores, descubriremos que poseemos el poder de deshacernos de nuestras diferencias y unirnos. La sabiduría de la Cabalá, escondida por miles de años, está resurgiendo hoy en día. Ha estado esperando el momento idóneo en el que estuviéramos suficientemente desarrollados y preparados para implementar su mensaje. En la actualidad, está emergiendo como un heraldo y una solución que pueda unir las facciones en y entre las naciones y traernos a todos, como individuos y como sociedad, a una situación mucho mejor.

Actividades

Bnei Baruj ha sido establecido bajo la consigna de *Baal HaSulam* que "sólo mediante la expansión de la sabiduría de la Cabalá entre las masas, lograremos alcanzar la completa redención". En ese sentido, *Bnei Baruj* ofrece una diversidad de medios para que las personas puedan explorar y descubrir el propósito de sus vidas, proveyendo una guía tanto para principiantes como para estudiantes avanzados.

Periódico de Cabalá

El periódico *La Voz de la Cabalá*, es producido y diseminado por *Bnei Baruj* bimestralmente. Es apolítico, no comercial, y escrito en un estilo claro y contemporáneo.

Su propósito es exponer el vasto conjunto de conocimiento escondido en la sabiduría de la Cabalá de manera gratuita y de la manera más clara posible. El periódico es distribuido gratis en las comunidades hispanas de Estados Unidos e *Israel*, así como también en México, España, Argentina, Chile, Colombia, Ecuador y República Dominicana, entre otros. Es distribuido en diversos idiomas en Estados Unidos, Toronto (Canadá), *Israel*,

Londres (Inglaterra) y Sídney (Australia). El periódico es impreso en español, inglés, hebreo y ruso. También se encuentra disponible en nuestro sitio de Internet: **www.kabbalah.info**. La página principal de *Bnei Baruj*, **www.kabbalah.info/es/**, presenta la auténtica sabiduría de la Cabalá usando ensayos, libros y textos originales. El sitio también contiene una extensa biblioteca, única en su tipo, para el desarrollo de una minuciosa investigación de la sabiduría, así como también archivos multimedia, **www.kabbalahmedia.info**, conteniendo decenas de miles de ítems multimedia, libros que se pueden bajar de la Red y, una vasta reserva de textos, archivos de audio y video en muchos idiomas. Todo el material está disponible para bajarlo sin costo.

Canal de TV de la Cabalá

Bnei Baruj estableció una empresa de producción, *ARÍ* Films, **www.arifilms.tv**, especializándose en la producción de programas educacionales de televisión alrededor del mundo en muchos idiomas. En *Israel*, las emisiones de *Bnei Baruj* son transmitidas en los canales Hot (cable) y 66, de domingo a viernes. Todas las transmisiones de estos canales son totalmente gratuitas. Los programas en estos canales son especialmente adaptados para principiantes y no requieren un conocimiento previo. Este conveniente proceso de aprendizaje se complementa con programas en los que se presentan reuniones del Rav Michael Laitman con figuras públicas de *Israel* y del resto del mundo. Adicionalmente, *ARÍ* **Films** produce series educativas en DVD, documentales y otros recursos audiovisuales de apoyo para la enseñanza.

Conferencias de Cabalá

Bnei Baruj abrió un nuevo centro de estudio en *Israel, Petaj Tikva*, llamado, *Beit Cabalá LaAm (Casa Cabalá para la Nación)*. El lugar de reunión comprende dos salones: uno grande para las conferencias públicas y otro pequeño para varias lecciones de Cabalá en grupos pequeños. Las lecciones y conferencias toman lugar en las mañanas y noches, e introducen varios tópicos, explicados de acuerdo a las fuentes auténticas de Cabalá de una manera apropiada, tanto para principiantes como para avanzados. Actualmente se han abierto varios centros de estudio en diversas ciudades de *Israel* como *Jaifa, Jedera, Yerushalaim, Ashkelon, Ber Sheva, Eilat y HaAravá, Julón, y prácticamente todas las ciudades.*

Sitio de Internet

El sitio Web de *Bnei Baruj*, **www.kabbalah.info/es/** , presenta la auténtica sabiduría de la Cabalá utilizando ensayos, libros y, textos originales. El sitio también contiene una extensa biblioteca, única en su tipo a disposición de los lectores que deseen adentrarse en profundizar en la sabiduría de la Cabalá. Además, cuenta con un archivo de medios, **www.kabbalahmedia.info** , con decenas de miles de ítems multimedia, descarga de libros y un vasto repertorio de textos y archivos de medios en vídeo y audio, en muchos idiomas. Todo este material se encuentra disponible para ser descargado gratuitamente.

Libros de Cabalá

El Rav Dr. Laitman escribe sus libros en un estilo claro y contemporáneo, basado en conceptos claves de *Baal HaSulam.*

Hoy en día, estos libros sirven como un "enlace" fundamental entre los lectores y los textos originales.

Rav Dr. Laitman ha escrito cerca de cuarenta libros, los mismos que han sido traducidos a catorce idiomas.

Lecciones de Cabalá

Tal como los cabalistas lo han estado haciendo por centurias, el Rav Dr. Laitman imparte lecciones diarias en el centro *Bnei Baruj* en *Israel* entre las 3:00 – 6:00 AM hora de *Israel*. Las lecciones son traducidas simultáneamente de hebreo en seis idiomas: español, inglés, ruso, alemán, italiano y turco. En un futuro cercano, las transmisiones se realizarán en francés, griego, polaco y portugués. Como todo lo demás, las transmisiones en vivo son suministradas gratuitamente a miles de estudiantes por todo el mundo a través de **www.kab.tv/spa**

Financiamiento

Bnei Baruj es una organización no lucrativa para la enseñanza y difusión de la sabiduría de la Cabalá. A fin de mantener su independencia y pureza de intenciones, *Bnei Baruj* no está apoyada, financiada, o de ninguna otra forma, sujeta a ningún gobierno o entidad política.

Dado que su actividad principal es gratuita, su fuente básica de financiamiento son las contribuciones, aportadas por los estudiantes de forma voluntaria. Otras fuentes de ingresos son los libros del Rav Dr. Laitman, los cuales son vendidos al precio de coste, y donaciones.

www.ingramcontent.com/pod-product-compliance
Lightning Source LLC
Chambersburg PA
CBHW070650290526
45790CB00001B/257